Luise Behringer, Wolfgang Gmür, Gerhard Hackenschmied, Daniel Wilms

**Väter an Bord**

# Bildung – Soziale Arbeit – Gesundheit

Herausgegeben von der
Katholischen Stiftungshochschule München

**Band 21**

Luise Behringer, Wolfgang Gmür,
Gerhard Hackenschmied, Daniel Wilms

# Väter an Bord

Arbeit mit Vätern von Kindern mit Behinderung

**DE GRUYTER**
OLDENBOURG

ISBN 978-3-11-066274-0
e-ISBN (PDF) 978-3-11-066915-2
e-ISBN (EPUB) 978-3-11-066914-5
ISSN 2509-7040

**Library of Congress Control Number: 2019949218**

**Bibliografische Information der Deutschen Nationalbibliothek**
Die Deutsche Nationalbibliothek verzeichnet diese Publikation in der Deutschen
Nationalbibliografie; detaillierte bibliografische Daten sind im Internet über
http://dnb.dnb.de abrufbar.

© 2019 Walter de Gruyter GmbH, Berlin/Boston
Satz: le-tex publishing services GmbH, Leipzig
Druck und Bindung: CPI books GmbH, Leck

www.degruyter.com

# Vorwort des Präsidenten

Das Interesse an Vätern ist aktuell sehr groß, insbesondere was die Veränderung ihrer Rolle in Familie und Gesellschaft betrifft. Um die Entwicklung ihrer Kinder stärker begleiten zu können, als sie es von ihren Vätern kannten, engagieren sie sich in ihren Familien und übernehmen alltägliche Betreuungs- und Pflegeaufgaben. Sie sind heute mit ihren Kindern auch in der Öffentlichkeit sichtbarer, suchen Kontakt zu anderen Vätern und tauschen sich mit ihnen über ihre Erfahrungen und Fragen der Kindererziehung aus.

Dieses größere Engagement gilt auch für Väter von Kindern mit Behinderung. Mit ihren Fragen bleiben sie jedoch oft allein, da sie sich weder mit anderen Vätern austauschen noch von den Einrichtungen, in denen ihre Kinder betreut, behandelt oder gefördert werden, angesprochen fühlen. Dabei wäre es für sie so wichtig, einen Resonanzraum für ihre Erfahrungen, Empfindungen, Sorgen und Nöte, aber auch Freuden mit ihren Kindern zu haben.

Die vorliegende Veröffentlichung setzt sich mit der Frage auseinander, wie Vaterschaft heute aussieht, was Väter eines Kindes mit Behinderung bewegt und wie sie besser erreicht werden können. Die Erkenntnisse und Empfehlungen beruhen auf der Beratung und Begleitung des Praxisprojektes „Arbeit mit Vätern von Kindern mit Behinderung" an der Bildungs- und Erholungsstätte Langau. In einer engen Forschungskooperation der Hochschule mit dem Institut für Praxisforschung und Projektberatung (IPP) München und dem Leiter des Praxisprojekts wurden Gespräche mit Vätern geführt, Angebote für Väter konzipiert und evaluiert, daraus konkrete Empfehlungen sowie Instrumente für die Praxis entwickelt.

Das Buchprojekt spiegelt das langjährige Engagement der Katholischen Stiftungshochschule München in anwendungsorientierter Forschung und Entwicklung in Feldern des Sozial-, Bildungs- und Gesundheitssektors wider. In der Tradition der Hochschule wurde in enger und vertrauensvoller Kooperation von Forschung, Praxispartner/-innen und staatlichen Institutionen wie dem Bayerischen Staatsministerium für Arbeit, Familie und Soziales mit dem Fokus auf die Väter und die Anforderungen an Bildungs- und Beratungseinrichtungen ein hochaktuelles gesellschaftliches Thema aufgegriffen, das mit Empfehlungen und Instrumenten für die Arbeit mit Vätern unmittelbar an die Praxis und Lehre rückgekoppelt wird.

Prof. Dr. Hermann Sollfrank

Präsident der Katholischen
Stiftungshochschule München

https://doi.org/10.1515/9783110669152-201

# Vorwort der Autor(inn)en

Behinderte Kinder – behinderte Eltern, so bringen Familien ihre Erfahrungen häufig auf den Punkt. „Auch wenn unser Kind behindert ist, sind wir als Familie, bin ich als Vater noch lange nicht behindert", sagte ein Vater in einem Gespräch. Er möchte seine Vaterschaft genauso leben wie andere Väter auch, dabei engagiert er sich weitaus stärker in seiner Familie als noch sein eigener Vater, so wie die meisten anderen Väter heute auch. Väter von Kindern mit Behinderung übernehmen Fürsorge- und Pflegeaufgaben und möchten mit ihren Kindern mehr Zeit verbringen, mit ihnen Spaß haben und ganz normale Dinge tun. Dabei fühlen sie sich von der Gesellschaft behindert, da es auch zehn Jahre nach Unterzeichnung der Behindertenrechtskonvention noch lange nicht selbstverständlich ist, dass sie mit ihrem behinderten Kind teilhaben können und dazugehören. Sie stehen vor Barrieren, ernten mitleidige Blicke, treffen auf Sprachlosigkeit oder Vorsicht bei ihrem Gegenüber, nur nichts Falsches zu sagen. Obwohl sie ganz normal sein möchten, befinden sie sich in einer besonderen Situation mit spezifischen Herausforderungen, Fragen und Problemen. Die Einrichtungen, die ihre Kinder betreuen, bieten Eltern Gespräche dafür an und laden Väter ein, mitzukommen. Aber auch hier fühlen sich Väter nicht wirklich zugehörig, da diese Angebote häufig nicht ihren Bedürfnissen entsprechen.

Wir schätzen es sehr, dass sich das Bayerische Staatsministerium für Familie, Arbeit und Soziales im Jahr 2012 mit der Förderung des Praxis- wie auch Begleitforschungsprojekts „Arbeit mit Vätern von Kindern mit Behinderung" diesem hoch aktuellen und hoch politischen Thema zugewandt hat und nun auch die Väter von Kindern mit Behinderung Aufmerksamkeit und Unterstützung erfahren. Denn obwohl es bislang wenig Untersuchungen dazu gibt, sind wir fest überzeugt, und sehen das auch an den Befunden aus unserem Projekt, dass sich in Familien mit einem Kind mit Behinderung Verschiebungen in den Zuständigkeiten ergeben und damit auch in den Aufgaben und Rollen von Vätern. Und wir sehen, dass die Angebote, die in den letzten Jahren im Rahmen dieses Projekts an mehreren Standorten entwickelt wurden, ebenfalls zu einer Veränderung und Stärkung der Vaterrolle beitragen können. Damit ermöglichen sie einen ersten kleinen Schritt zu mehr Teilhabe für Väter und ihre Kinder auch in anderen gesellschaftlichen Bereichen.

Mit dem Titel „Väter an Bord" wollten wir unsere Erfahrungen mit den Angeboten und der Teilnahme der Väter in doppeltem Sinne ausdrücken. Denn zum einen ist es im übertragenen Sinne gelungen, Väter an Bord zu holen und ihnen auch mehr und mehr das Steuer zu überlassen, und zum anderen war ein nicht geringer Teil der Angebote eine Bootsfahrt bzw. Raftingtour. Wie in langjährigen Projekten üblich, sind wir mit unseren Befunden an die Fachöffentlichkeit gegangen, konnten auf

https://doi.org/10.1515/9783110669152-202

Kongressen und Konferenzen engagierte Diskussionen anregen und mit Zeitschriften und Aufsätzen auf dieses wichtige Thema aufmerksam machen. Für das Bayerische Staatsministerium für Familie, Arbeit und Soziales konnten wir eine Handreichung erstellen. Mit dieser Veröffentlichung ist es uns nun möglich, einen umfangreichen, differenzierten und aktuellen Beitrag zu Vätern von Kindern mit Behinderung, aber auch zu Vätern ganz allgemein zu verfassen.

Dieses Buch ist Produkt einer engen Verzahnung von Praxis und Forschung, so war auch das Projekt von Anfang an angelegt. Und wie es in einem Projektzusammenhang üblich ist, waren viele Personen daran beteiligt. Den Anstoß dazu gab Peter Barbian, Geschäftsführer der Bildungs- und Erholungsstätte Langau e. V., der 2012 das Praxisprojekt beantragt hat und dabei auch die Zusage für eine Förderung der Begleitforschung erreichen konnte. Das Projekt wurde in Kooperation mit Einrichtungen an unterschiedlichen Standorten durchgeführt. Ohne die konstruktive Zusammenarbeit mit den Kolleg(inn)en vor Ort, ihr Engagement sowie die Offenheit, mit der sie uns Auskunft gaben und einen Einblick in ihren beruflichen Alltag gewährten, wäre das Projekt nicht durchführbar gewesen. Am meisten beeindruckten uns jedoch die Väter und Familien, die an den Veranstaltungen teilnahmen und uns in der Begleitforschung teilnehmen ließen, sich unseren Fragen stellten sowie in den Interviews aufschlussreiche und spannende, teilweise auch sehr private und berührende Auskünfte zu ihrer Situation, ihren Wünschen und Fragen gegeben haben.

Darüber hinaus waren eine Reihe von Personen direkt oder indirekt am Entstehen dieses Buches beteiligt, Expert(inn)en, die mit uns über ihre Erfahrungen mit und Einschätzungen zur Männer-/Väterarbeit gesprochen haben, unsere Kolleg(inn)-en, die uns durch ihre Fragen angeregt und mit uns diskutiert haben sowie Veronika Beyermann, Katja Bugelnig, Regina Kirchschlager und Franziska Harbich, die wertvolle Zuarbeiten geleistet haben. Unterstützend waren auch Kolleg(inn)en aus der Gleichstellungsarbeit sowie Einrichtungen für Menschen mit Behinderung, die das Projekt wohlwollend begleitet, hilfreiche Anregungen gegeben und nicht zuletzt auch viel für die Angebote geworben haben. Einen wichtigen Beitrag leistete schließlich auch unsere Lektorin Rita Güther, die dem Buch den letzten Schliff gegeben hat.

Neben allen diesen finanziellen, fachlichen und sozialen Ressourcen wäre die Arbeit an diesem Buch ohne die Unterstützung unserer Familien nicht möglich gewesen, die manche Wochenenden und Abende toleriert haben, die wir am Schreibtisch gesessen sind.

Besonders freut uns, dass die Arbeit mit und zu den Vätern eine nachhaltige Wirkung entfalten konnte und eine Fachstelle „Väter von Kindern mit Behinderung" an der Bildungs- und Erholungsstätte Langau durch das Bayerische Staatsministerium für Familie, Arbeit und Soziales weiterfinanziert wurde, um die Fachöffentlichkeit auf Väterarbeit aufmerksam machen und Einrichtungen in ihrer Väterarbeit unterstützen und begleiten zu können. In allen Projektphasen haben wir die zuständigen Personen nicht nur als „Ernährer/-innen" des Projekts erlebt, sondern immer an Inhalten und Weiterentwicklung Interessierte.

Ihnen allen gilt unser herzlicher Dank!

Benediktbeuern, München, Langau, Mai 2019

Luise Behringer
Wolfgang Gmür
Gerhard Hackenschmied
Daniel Wilms

# Inhalt

# 1 Einführung

„Das ist mal was Neues, würd' ich sagen [...]", war die Reaktion eines Vaters auf die Frage, wie er die Einladung zu einem Vater-Kind-Nachmittag in der Tagesstätte, die seine Tochter besucht, empfunden habe. Neu war daran, dass er als Vater explizit angesprochen wurde in einem Bereich, der bislang eher den Müttern vorbehalten ist. Dass die Väter so wenig präsent sind an den Orten, an denen sich ihre Kinder aufhalten, hängt natürlich auch mit der familiären Situation zusammen, denn nach wie vor übernehmen die Väter die Hauptverantwortung für den Gelderwerb und die Mütter reduzieren ihre Arbeitszeit oder bleiben ganz zu Hause. Väter verlassen dagegen morgens das Haus und kommen erst am Abend zurück, weshalb sie auch in den Vater-Mutter-Kind-Rollenspielen der Mädchen eine eher ungeliebte Rolle darstellen. Beim Spiel von drei Mädchen konnte ich (L. B.) einmal beobachten, dass eines der Mädchen, das zu langsam war, seinen Anspruch auf die Rolle der Mutter oder des Kindes anzumelden, lieber das Pferd als den Vater spielen wollte. Damit wollte sie ihrem Los entgehen, praktisch nicht am Spiel beteiligt zu sein. Denn ihr Bild vom Vater war das eines Papas, der morgens in die Arbeit ging und abends wieder nach Hause kam.

Doch die Rolle der Väter und deren Wahrnehmung durch ihre Kinder und in der Gesellschaft verändern sich zunehmend. Immer mehr Väter engagieren sich in ihrer Familie und sind im Alltag sichtbarer, auch wenn die überwiegende Mehrheit von ihnen einer Vollerwerbstätigkeit nachgeht. Es ist keine Seltenheit mehr, dass sie auf dem Weg zur Arbeit ihr Kind in den Kindergarten bringen und abends sowie am Wochenende Fürsorgeaufgaben übernehmen. Tagsüber sind sie in den Einrichtungen, die ihre Kinder besuchen, allerdings kaum zu sehen. Und da geraten sie dann den Fachkräften leicht aus dem Blick.

Die Einladung zu einem Vater-Kind-Nachmittag empfindet der eingangs zitierte Vater denn auch im weiteren Gesprächsverlauf als „eine ausgleichende Gerechtigkeit". Ausgleichend für seine Partnerin, da sie mal entlastet wird und einen Nachmittag für sich hat, aber auch ausgleichend für ihn, da er dann einen Tag die Hauptbezugsperson für sein Kind sein darf und dies auch allein meistern kann. Das ist nicht so selbstverständlich, denn sein Kind hat eine Behinderung und damit einen besonderen Pflege- und Versorgungsbedarf. Und das, so zeigen alle Untersuchungen, führt noch stärker dazu, dass Frauen ihre Berufstätigkeit aufgeben und zu Hause bei ihrem Kind bleiben. Folge davon ist, dass die traditionellen Elternrollen verfestigt werden, zumindest auf den ersten Blick. Auf den zweiten Blick wird aber auch erkennbar, dass hier einiges in Bewegung geraten ist und die Väter Fürsorgeaufgaben übernehmen und das z. T. in einem Ausmaß, das manchmal bis über ihre Belastungsgrenze hinausgeht.

Auch Väter haben einen Unterstützungsbedarf. Darin sind sich die Fachkräfte einig. Meist gehen sie davon aus, dass sie sich darin nicht von den Müttern unterscheiden und bieten ihnen Gespräche an. Auch hätten sie die Väter gern bei den Diagnos-

https://doi.org/10.1515/9783110669152-001

tikterminen oder in den Förder- und Behandlungsstunden dabei, denn sie sehen sie auch als wichtig für ihre Kinder und das ganze Familiensystem an. Die Öffnungszeiten der Einrichtungen konkurrieren jedoch meist mit den Arbeitszeiten der Väter und die Gesprächsangebote entsprechen nicht unbedingt deren Bedürfnissen. Also bleiben sie den Förder- und Behandlungsstätten fern und damit häufig auch mit ihren Fragen und Sorgen allein.

Hier setzt dieses Buch an. Wenn wir wissen, dass Väter eines Kindes mit Behinderung Gelegenheiten bräuchten, in denen sie sich mit Fachkräften oder anderen Vätern austauschen können, weshalb sollte es dann nicht gelingen, ihnen Angebote zu unterbreiten, in denen sie diese finden können. Aus der Familien- und Väterbildung ist bekannt, dass Väter dabei nicht gleich enthusiastisch zugreifen, dass sie aber, sind sie einmal gewonnen, auch dabeibleiben. Das zeigte sich auch in der Bildungs- und Erholungsstätte Langau, in der es seit 30 Jahren Wochenenden für Väter mit ihren Kindern gibt, die durch ehrenamtlich Helfende begleitet werden und Vätern auch Zeiten für sich und intensiven Austausch ermöglichen. Zunächst wurden die Veranstaltungen von einem Mitarbeiter organisiert und geleitet. Vor 20 Jahren aber schon haben Väter begonnen, diese in Eigeninitiative weiterzuführen.

## 1.1 Hintergrund des Buches

Aus diesen Angeboten liegen nun jahrzehntelange Praxiserfahrungen zur Arbeit mit Vätern vor, die in dieses Buch eingehen und damit der Fachwelt zur Verfügung gestellt werden. Der Bedarf an Angeboten für Väter von Kindern mit Behinderung, die den Bedürfnissen von Vätern Rechnung tragen, wurde zwar in der Fachliteratur wiederholt postuliert, jedoch hat das nicht dazu geführt, dass konkrete Programme ins Leben gerufen wurden. So wandten sich Fachkräfte und Studierende immer wieder an die Langau, um Informationen zur Väterarbeit bzw. Kontakt zu Vätern zu bekommen, um sie im Rahmen ihrer Qualifizierungsarbeiten zu befragen.

Die Bildungs- und Erholungsstätte Langau betrat deshalb 2012 mit der Gründung des Projekts „Arbeit mit Vätern von Kindern mit Behinderung" Neuland in der Behindertenhilfe. Ziel war nicht, die Angebote in der Langau auszuweiten, sondern in erster Linie diese auch zu dezentralisieren. Es sollten in den Einrichtungen, die mit den Kindern bzw. den Familien arbeiten, der Blick auf die Bedürfnisse und Ressourcen von Vätern geschärft und Angebote vor Ort für den jeweiligen Kontext „maßgeschneidert" entwickelt und implementiert werden. Insbesondere wurde hierbei auf unterschiedliche Sozialräume (ländlich, kleinstädtisch mit Nähe zu einer bayerischen Großstadt sowie großstädtisch), unterschiedliche Arbeitskontexte (SPZ, Tagesstätte, Nachsorgeeinrichtung, Wohnheime für erwachsene Menschen mit Lernschwierigkeiten, integrative Kindertagesstätte, interdisziplinäre Frühförderung), unterschiedliche Formen der Behinderung/chronischen Erkrankung sowie nicht zuletzt das unterschiedliche Alter der Kinder geachtet.

Der Leiter des Projekts und spätere Leiter der Fachstelle für Väter von Kindern mit Behinderung stellte seine Kompetenzen den kooperierenden Einrichtungen für alle dabei notwendigen Schritte zur Verfügung: von den ersten Überlegungen über die Entwicklung der Ideen, der Planung und Organisation bis zur Mitwirkung bei der Durchführung. Darüber hinaus stellte er eine Zusammenfassung über Literatur und Studien zum Thema Väter von Kindern mit Behinderung zur Verfügung (Wilms o. J.).

Die Aktivitäten und Erfahrungen mit Vätern in den kooperierenden Einrichtungen sind gleichzeitig in die Weiterentwicklung der Väterarbeit der Langau eingeflossen. In Fortführung der Angebote für Väter konnte der Projektleiter neue Angebotsformate entwickeln und erproben. Diese waren selbstverständlich auch für Väter aus den kooperierenden Einrichtungen offen. Bei allen fachlichen Angebotsformaten war es eine professionelle Herausforderung, Gelegenheitsstrukturen zu schaffen, die gleichermaßen Freizeitaktivitäten für Väter (mit ihren Kindern oder der gesamten Familie) und Räume für intensive Gespräche beinhalteten.

Die Erfahrungen des Leiters sowie die Befunde aus der Begleitforschung des Projekts sind die zentrale Quelle unserer Ausführungen. Die Entwicklung der Angebote für Väter von Kindern mit Behinderung gliederte sich in mehrere Abschnitte mit unterschiedlichen Methoden der Datengewinnung. Nachdem Einrichtungen zur Kooperation gewonnen werden konnten, wurden in einem ersten Schritt qualitative Interviews mit Vätern durchgeführt, die bereits an Väterwochenenden teilgenommen hatten. Sie berichteten über ihre Situation als Vater eines Kindes mit Behinderung sowie ihre Erfahrungen mit Bildungsangeboten und gaben Empfehlungen für die Gestaltung fachlicher Angebote. Ebenso wurden Väter befragt, die uns von den kooperierenden Einrichtungen vermittelt wurden. Die Väter gaben uns einen Einblick in ihre Lebenssituation und formulierten ihre Anforderungen und Interessen hinsichtlich fachlicher Angebote. Diese Interviews hatten zum Ziel, empirisch gestützte Hinweise und Kriterien zu selektieren, aus denen Empfehlungen für die Entwicklung und Durchführung künftiger Projekte und Angebote abgeleitet werden können.

In einem Workshop mit den kooperierenden Einrichtungen lernten wir deren Sicht auf die Väter, ihre Wünsche an Väter und ihre Bedarfe kennen und stellten die Ergebnisse der Interviews mit den Vätern vor. Ziel dieses Workshops war es, die Erwartungen und Vorhaben der Fachkräfte zu reflektieren und mit der Väterperspektive abzugleichen.

Die Angebote, die unter Berücksichtigung der aus den Interviews entwickelten Kriterien dann durchgeführt wurden – für Väter allein, für Väter und ihre Kinder oder die gesamte Familie – wurden teilweise von uns in teilnehmender Beobachtung begleitet und im Anschluss mit den Vätern in Gruppen- oder Einzelinterviews ausgewertet. Auch die beteiligten Fachkräfte sowie der Projektleiter wurden zur Planung, Organisation und Durchführung der Angebote in einem gemeinsamen Workshop befragt. Darüber hinaus wurden mittels qualitativer Interviews die Erfahrungen von Experten in der Männer- und Väterarbeit erhoben, um unsere Befunde validieren und vertiefen zu können (Behringer et al. 2014; Behringer/Wilms 2016; Bayerisches Staatsministerium für Arbeit und Soziales, Familie und Integration 2017; Behringer et al. 2018; Behringer et al. 2019).

Wie in anderen Untersuchungen (Kofahl/Lüdecke 2014) zu Familien mit Kindern mit Behinderung erreichten auch wir v. a. Eltern mit mittlerem und höherem Bildungsabschluss, obwohl die Einrichtungen durchaus Anstrengungen unternommen haben, Väter aus allen Milieus anzusprechen. In der Fortführung der Väterarbeit sollte mit Unterstützung der Fachstelle für Väter gezielt daran weitergearbeitet werden.

## 1.2 Fragestellung und Überblick

Wenn wir im Folgenden der Frage nachgehen, wie väterorientierte Veranstaltungen in einer Einrichtung entwickelt und durchgeführt werden können und welcher Voraussetzungen es dazu bedarf, werden wir neben den von uns erhobenen Befunden auch auf andere Studien und Literatur zurückgreifen.

Die Überlegung, Väter in einer Einrichtung gezielt anzusprechen, um sie für die Zusammenarbeit zu gewinnen, setzt voraus, dass man etwas über die Lebenssituation der Väter, ihre Rollenvorstellungen, Einstellungen und Haltungen sowie ihr familiales Handeln im Alltag weiß. Deshalb werden wir zunächst allgemein in Kapitel 2 auf aktuelle Entwicklungen in den Familien eingehen, die Rolle und Aufgaben der Väter beleuchten und ihre Bedeutung für die Entwicklung der Kinder herausarbeiten. Auch suchen wir hier schon nach ersten Hinweisen, wie Väter in der Familienbildung erreicht werden können. Dabei greifen wir auf aktuelle Daten und Studien zurück.

Väter von Kindern mit Behinderung sind zunächst einmal Väter, die – wie andere Väter auch – denken, fühlen und handeln, wie das Männer eben tun. Darüber hinaus sind sie aber in einer spezifischen Situation mit spezifischen Herausforderungen, die sie mit ihren Partnerinnen meistern müssen. Mit dieser Situation beschäftigen wir uns in Kapitel 3 und diskutieren die Fragen, welche Rolle und Aufgaben sie einnehmen, welche Belastungen sie erleben und wie sie diese bewältigen sowie welche Unterstützung sie suchen, finden und annehmen. Befunde aus der Literatur untermauern wir mit teilweise bewegenden Aussagen der Väter, die wir interviewt haben.

In den Ausführungen und Empfehlungen zur Entwicklung von väterorientierten Angeboten in Kapitel 4 greifen wir auf unsere Befunde aus dem Projekt „Arbeit mit Vätern von Kindern mit Behinderung" und Erkenntnisse aus der kundenorientierten Qualitätsentwicklung sozialer Dienstleistungen zurück. Behandelt wird, wie es gelingen kann, die Bedürfnisse der Väter von Kindern mit Behinderung systematisch kennenzulernen und in zielgerichteten Angeboten der Einrichtungen zu berücksichtigen. Einzelaspekte der Darstellung sind die Fragen, wie sich die Kooperation mit den Vätern organisieren und gestalten lässt, welche Angebotsformate für Väter von Kindern mit Behinderung sinnvoll sind und wie diese im Detail durchgeführt werden können sowie was die Väter grundsätzlich zu diesen Angeboten und Angebotsformaten sagen.

Die detaillierte Bewertung der Angebote vor einem fachlichen Hintergrund und die Diskussion väterorientierter Veranstaltungen im Gesamtkontext professioneller psychosozialer Unterstützungsleistungen finden sich in Kapitel 5.

Im abschließenden Kapitel 6 werden die Erfahrungen und Befunde zur Arbeit mit Vätern zu Empfehlungen für Einrichtungen, die mit Vätern und Vätern von Kindern mit Behinderung arbeiten und sinnvolle Angebote für sie entwickeln wollen, verdichtet. Dabei werden sowohl Detailfragen für die Durchführung definierter Veranstaltungen angesprochen als auch Argumentationslinien eines Plädoyers für eine bewusstere Väter- und Familienarbeit aufgezeigt.

# 2 Vaterschaft heute

Gesellschaftliche Entwicklungen der letzten Jahrzehnte, wie z. B. die steigende Bildungs- und Berufsbeteiligung von Frauen oder die Veränderung der Geschlechterrollen und Wertvorstellungen, verändern Familienstrukturen und den Alltag von Familien nachhaltig. Familie bedeutet heute sehr vieles, neben verheirateten Lebensgemeinschaften auch Alleinerziehende und nichteheliche Lebensgemeinschaften, neben Partnerschaften zwischen Mann und Frau ebenso gleichgeschlechtliche Partnerschaften. Die Familien können Kinder aus mehreren Beziehungen umfassen, sog. Patchworkfamilien oder die Familien können einen Migrations- oder Fluchthintergrund haben. Nahezu jede vierte Familie hat mindestens ein Mitglied, das aus einem anderen Land stammt oder eine andere Staatsangehörigkeit besitzt, und 35 % der Kinder haben einen Migrationshintergrund mit steigender Tendenz (BMFSFJ 2017a). Es ist also nicht so einfach, von Familie zu sprechen bzw. eine eindeutige Aussage zu treffen, wenn es um Familien geht. *Die* Familie gibt es auf keinen Fall mehr bzw. hat es wahrscheinlich auch nie gegeben. Familien unterscheiden sich nach Form und Struktur, nach Orientierungen und Alltagspraxis, nach Herkunftsland und Milieu u. a. m. So kommen z. B. Wippermann und Flaig (2009: 7) in der Sinus-Studie zu Migranten-Milieus zu der Einschätzung: „Menschen des gleichen Milieus mit unterschiedlichem Migrationshintergrund verbindet mehr miteinander als mit dem Rest ihrer Landsleute aus anderen Milieus."

Wir beziehen uns in diesem Buch deshalb v. a. auf die Veränderungen in den Familien aufgrund der Rollenbilder und der Erwerbsbeteiligung von Müttern und Vätern. Denn wenn sich Paare heute für Kinder entscheiden, müssen sie sich mit ihrer Elternrolle auseinandersetzen: Wie möchten wir unsere Kinder erziehen? Welche Werte sind für uns maßgeblich? Und wie lässt sich unsere Rolle als Eltern mit unserer Rolle als Berufstätige vereinbaren? Diese Auseinandersetzung geht nicht selten mit einer großen Verunsicherung einher, denn mit der zunehmenden Berufsbeteiligung der Frauen und dem Wunsch der Väter, stärker in der Familie präsent zu sein, verändern sich auch die Zuständigkeiten der Eltern. Väter sind heute durchaus bereit bzw. interessiert daran, sich neben Beruf und Karriere auch im Familienalltag zu engagieren. Sie möchten mehr Zeit mit ihren Kindern verbringen und deren Entwicklung von Geburt an begleiten. Kinder haben eine hohe emotionale Bedeutung für ihre Eltern. Größter Wunsch von Müttern wie Vätern ist es, sie zu glücklichen selbstständigen Menschen zu erziehen (Behringer 2001; Behringer 2012).

## 2.1 Familienformen und Strukturen

Das Leitbild der sog. Normalfamilie – mit einem erwerbstätigen Mann, der den Unterhalt für die Familie verdient und der Frau, die Haushalt und Kinder versorgt – ist in

https://doi.org/10.1515/9783110669152-002

Bewegung geraten. Zumindest wenn man Daten zur Erwerbsbeteiligung von Müttern und Vätern zugrunde legt, scheint das sog. Familienernährermodell zu bröckeln. Geht man davon aus, dass die dadurch erforderlichen Abstimmungs- und Aushandlungsprozesse in Familien auch das traditionelle Leitbild von Vaterschaft nicht unberührt lassen, erscheint es durchaus lohnenswert, einen Blick auf die Entwicklung von Familienformen und -strukturen zu werfen.

Im Jahr 2017 gab es in Deutschland 8,2 Millionen Familien mit minderjährigen Kindern, die in unterschiedlichen Familienformen aufwuchsen. Während die Zahl der Familien mit verheirateten Eltern sank, stieg die Zahl alternativer Familienformen wie z. B. Alleinerziehende und Lebensgemeinschaften an. Dennoch stellen Ehepaare mit Kindern mit 70 % (Zahlen gerundet) immer noch die häufigste Familienform in Deutschland dar (2004 waren es noch 75 %). Ein zunehmend größer werdender Teil der Kinder wachsen heute bei alleinerziehenden Müttern oder Vätern (19 %) oder in Lebensgemeinschaften (11 %) auf (Statistisches Bundesamt/Wissenschaftszentrum Berlin für Sozialforschung 2018). Eine ähnliche Entwicklung finden wir auch in Österreich, in der Schweiz hingegen leben noch mehr Eltern in einer Ehe und weniger in einer Lebensgemeinschaft oder Einelternfamilie, wie aus Tabelle 2.1 ersichtlich ist.

**Tab. 2.1:** Vergleich der Lebensformen in Deutschland (2017), Österreich und der Schweiz (2018) nach den Zahlen der statistischen Bundesämter (Quelle: Eigene Darstellung).

| | Deutschland (Statistisches Bundesamt/Wissenschaftszentrum Berlin für Sozialforschung 2018) | Österreich (Statistik Austria 2019) | Schweiz (Bundesamt für Statistik der schweiz. Eidgenossenschaft 2019) |
|---|---|---|---|
| Familien mit einem Kind im Alter von 0–18 Jahren (absolute Zahlen) | 8.204.000 (100 %) | 897.400 (100 %) | 826.318 (100 %) |
| Ehepaare mit Kindern | 5.721.000 (70 %) | 615.300 (69 %) | 635.501 (77 %) |
| Lebensgemeinschaften mit Kindern | 934.000 (11 %) | 147.200 (16 %) | 82.819 (10 %) |
| Alleinerziehende/ Einelternfamilien | 1.549.000 (19 %) | 134.900 (15 %) | 107.260 (13 %) |

Die Lebensform sagt jedoch noch nichts über die Zuständigkeiten in einer Familie aus. Auch bei verheirateten Ehepaaren mit Kindern verändert sich die Arbeitsteilung zwischen den Geschlechtern. Die Zahl der Paare, die in einer „traditionellen Rollenverteilung" leben, wird zusehends kleiner. So waren im Jahr 2017 91 % der Väter und 65 % der Mütter mit mindestens einem minderjährigen Kind unter 15 Jahren im Haushalt berufstätig (Statistisches Bundesamt/Wissenschaftszentrum Berlin für Sozialforschung 2018). Auch in Familien mit Migrationshintergrund, denen häufig eine traditionellere Orientierung zugeschrieben wird, sind knapp die Hälfte der Mütter mit minderjährigen Kindern erwerbstätig, gern erwerbstätig wären sogar knapp zwei Drittel (BMFSFJ 2017a).

In Österreich ist die Erwerbstätigenquote bei Eltern geringfügig höher, sie liegt bei Vätern bei 92 % und bei Müttern bei 67 % (Fuchs 2017). Die Zahlen des Schweizer Familienberichts 2017 lassen aufgrund der unterschiedlichen Zusammenstellung keinen seriösen Vergleich zu. Der auffallend hohe Anteil von 85 % berufstätiger Mütter in der Schweiz könnte auch darauf zurückzuführen sein, dass hier nur Kinder im Alter von 13–17 Jahren berücksichtigt wurden (Bundesamt für Statistik der schweizerischen Eidgenossenschaft 2017). Auch in Deutschland steigt die Beteiligung am Arbeitsmarkt von Müttern mit Kindern in diesem Altersbereich. Während von Müttern mit einem Kind im Krippenalter 32 % berufstätig sind, beträgt der Anteil von Müttern von 10- bis 14-jährigen Kindern 72 % (Statistisches Bundesamt/Wissenschaftszentrum Berlin für Sozialforschung 2018). Doch auch im Krippenalter fällt in der Schweiz mit 74 % eine hohe Erwerbsbeteiligung der Mütter auf (Bundesamt für Statistik der schweizerischen Eidgenossenschaft 2017; Fuchs 2017).

Insgesamt zeichnet sich ab, dass Mütter immer früher in den Beruf zurückkehren. Der Durchschnitt für die Wiederaufnahme der Berufstätigkeit lag zwischen den Jahren 2008 und 2010 bei 19 Monaten nach der Geburt eines Kindes, die durchschnittliche Arbeitszeit lag bei 24 Wochenstunden. Der Trend einer zunehmenden Berufsbeteiligung von Frauen ist unabhängig von der Familienform und trifft auch auf Alleinerziehende zu (BMFSFJ 2017b).

Mütter arbeiten jedoch – im Vergleich zu Vätern – überwiegend in Teilzeit, einer Vollzeiterwerbstätigkeit gehen sie in der Regel erst nach, wenn die Kinder „aus dem Gröbsten raus", d. h. im Durchschnitt zwischen 15 und 17 Jahre alt sind. Väter dagegen arbeiten überwiegend in Vollzeit. Bei fast drei Viertel der Ehepaare (72 %) war der Vater in Vollzeit und die Mutter in Teilzeit erwerbstätig (Statistisches Bundesamt/Wissenschaftszentrum Berlin für Sozialforschung 2018).

An diesen Daten ist abzulesen, dass sich das Bild der Normalfamilie zwar ausdifferenziert, eine Gleichverteilung in den Zuständigkeiten der Partner aber noch weit entfernt ist. Mütter verdienen in der Regel dazu, sie stecken beruflich zurück und übernehmen den Hauptanteil der Haus- und Familienarbeit zumindest bis die Kinder selbstständiger sind. Vor der Familiengründung kann sich die Frage der Vereinbarkeit von Beruf und Familie beiden Partnern stellen und nicht selten präferieren sie eine Gleichverteilung der Zuständigkeiten. Die Antwort bei der Familiengründung findet sich aber meist in einer Aufteilung, die als Re-Traditionalisierung der Arbeitsteilung bezeichnet werden kann. Gemeint ist damit eine traditionelle, an dualistischen Geschlechtervorstellungen orientierte Arbeitsteilung, wonach der Mann für den Broterwerb und die Frau für Haushalt und Kinder zuständig ist.

Das Bild des „Familienernährermodells" wird dadurch verstärkt, dass Väter nach der Geburt eines Kindes teilweise sogar mehr arbeiten, um das Einkommen für die Familie zu sichern (Pollmann-Schult/Wagner 2014). Das scheint mit der Anzahl der

Kinder zu korrespondieren: Je mehr Kinder zu versorgen sind, desto eher entscheiden sich Eltern für traditionelle Arrangements. In Familien mit vier und mehr Kindern ist der Anteil der alleinverdienenden Väter mit 52 % fast doppelt so hoch wie bei Familien mit einem Kind (BMFSFJ 2015).

Aus den genannten Entwicklungen lassen sich keine dramatischen Umbrüche ableiten i. S. einer egalitären Arbeitsteilung zwischen den Eltern. Mütter nehmen zunehmend nach der Geburt eines Kindes wieder am Arbeitsmarkt teil, tun das aber in Teilzeit. Und das gilt gleichermaßen für die Schweiz und Österreich. Ein besonders starker Anstieg war in den letzten zehn Jahren in Österreich zu verzeichnen. Hier stieg die Quote der Mütter in Teilzeit von 1996 bis 2016 um mehr als 30 % auf 75 % (Statistik Austria 2017). Laut einer OECD-Studie (2017) ist damit der Anteil der Mütter, die in Teilzeit arbeiten, in Deutschland und Österreich neben den Niederlanden am höchsten.

Insgesamt betrachtet verschieben sich dennoch die Orientierungen der Eltern. Und auch die Mosaiksteine der Tätigkeiten, die Mütter und Väter im Alltag verrichten, ergeben ein neues Bild. Mit der – auch in Teilzeit – steigenden Berufsbeteiligung der Mütter einher geht eine stärkere Beteiligung der Väter in der Kinderbetreuung, wie v. a. Studien aus Deutschland belegen.

Die Studie „Väter 2015: Wie aktiv sind sie, wie geht es ihnen und was brauchen sie?" am Deutschen Jugendinstitut bestätigt zwar die hohe Relevanz von Berufstätigkeit für Väter – Erwerbsarbeit und die Versorgung der Familie sind weiterhin zentrales Element männlicher Identität –, doch gleichzeitig gewinnt die Betreuung und Erziehung der Kinder zunehmend an Bedeutung (Li et al. 2015).

Dies belegt auch der Väterreport nach dem 69 % der jüngeren Väter äußern, dass sie sich mehr an der Erziehung und Betreuung ihrer Kinder beteiligen als ihre Väter es bei ihnen gemacht haben und das als persönlichen Gewinn empfinden. Wenn Väter jedoch in Vollzeit berufstätig sind, klagen sie häufig darüber, zu wenig Zeit mit ihren Kindern verbringen zu können. Um dies zu verändern, würde gern mehr als die Hälfte der Väter von minderjährigen Kindern ihre Arbeitszeit verringern. Ebenso würden gern 60 % der Paare mit Kindern unter drei Jahren sich Beruf und Familie gleichermaßen aufteilen (BMFSFJ 2018). Doch mit ihrem Anliegen, ihre Arbeitszeiten zu reduzieren, um mehr Zeit mit ihren Kindern verbringen zu können, stoßen Väter bei ihren Arbeitgebern oft auf wenig Verständnis. Aus Angst, Einbußen in der beruflichen Karriere hinnehmen zu müssen, versuchen sie deshalb oft gar nicht, dieses Vorhaben umzusetzen. Um nicht als „unmännlich" zu gelten, wird darüber zudem selten offen gesprochen (Henry-Huthmacher/Schmitz 2010).

Im Familienreport 2014 (BMFSFJ 2015) sowie im Väterreport (BMFSFJ 2018) werden die veränderten Einstellungen junger Menschen zu Familie und Partnerschaft hervorgehoben. Danach wünscht sich die große Mehrheit eine gleichberechtigte Partnerschaft und Aufgabenteilung. Mehr als drei Viertel der 21- bis 34-jährigen Männer lehnen das Alleinverdiener-Modell ab und mehr als 90 % der 20- bis 39-jährigen finden, dass sich beide Eltern um die Kinder kümmern sollten (BMFSFJ 2015). Zwischen dieser Einstellung und deren Umsetzung bei jungen Familien klafft jedoch eine große

Lücke. Obwohl 60 % der jungen Eltern mit Kindern zwischen ein und drei Jahren sich eine gleichmäßige Aufteilung von Beruf, Haushalt und Zeit für die Kinder wünschen, können das bislang nur 14 % umsetzen (BMFSFJ 2018).

Dies liegt auch daran, dass der Einkommensunterschied, der sog. Gender-Pay-Gap zwischen Männern und Frauen v. a. in Deutschland und Österreich nach wie vor sehr groß, d. h. deutlich über dem europäischen Durchschnitt ist. Die Schweiz weist ein deutlich geringeres Einkommensgefälle zwischen den Geschlechtern auf (Bundesamt für Statistik 2016 der schweizerischen Eidgenossenschaft).

Am ehesten gelingt Eltern eine Annäherung an egalitäre Arbeitsteilung, wenn beide Elternteile in Vollzeit arbeiten (BMFSFJ 2017b), wenn die Partnerin höher qualifiziert ist und/oder besser verdient und wenn beide ein weniger traditionelles Rollenverständnis vertreten. Die Männer bringen sich zwar im Haushalt dann stärker ein, die Frauen übernehmen aber dennoch den größeren Arbeitsanteil (BMFSFJ 2018).

Während eine egalitäre Aufteilung der Zuständigkeiten aufseiten der Väter ein aktiveres Einlassen auf Haushaltsaufgaben und Kinderbetreuung verlangt, sind Mütter komplementär damit konfrontiert, „ihre Domäne" Haushalt und Familie den Vätern auch zu öffnen und in die väterliche Kompetenz zu vertrauen. Väterliches Engagement hängt auch davon ab, inwieweit Mütter ihnen zutrauen, dass sie Fürsorgeaufgaben gut wahrnehmen können, auch wenn sie es anders machen als sie selbst. Nicht nur Erwerbsarbeit als identitätsstiftendes Element sowie starre Beschäftigungsverhältnisse und Arbeitszeiten hindern Väter an mehr Engagement in der Familie, sondern auch das sog. Maternal Gatekeeping durch die Mütter. Wenn Mütter durch ihre Überzeugungen und Verhaltensweisen eine größere Beteiligung der Väter an der familialen Arbeit hemmen, kann das auch dazu beitragen, dass traditionelle Rollen und Arbeitsteilungsarrangements nur langsam aufweichen (Fthenakis et al. 2002).

Zwischen Alleinverdiener-Modell und egalitären Zuständigkeiten praktizieren Familien meist jedoch eine große Bandbreite von Arrangements, in denen Einstellungen, Wünsche und eigene Bedürfnisse mit faktischen beruflichen und gesellschaftlichen Gegebenheiten und Begrenzungen austariert werden müssen (Kapitel 2.4).

## 2.2 Familien- und väterpolitische Entwicklungen

Väter waren bislang wenig im Blickpunkt der Familienpolitik. Als im Jahr 1979 von der sozial-liberalen Regierung das Mutterschaftsurlaubsgeld (ein staatlich finanzierter Lohnersatz) eingeführt wurde, konnten es, wie der Name schon sagt, nur Mütter in Anspruch nehmen. Erst mit der Einführung des Erziehungsgelds im Jahr 1986 durch die christlich-liberale Koalition waren auch die Väter anspruchsberechtigt. Erziehungsgeld war mit Erziehungsurlaub verbunden und wurde für ein Jahr gewährt, für die ersten sechs Monate einkommensunabhängig, danach für maximal weitere sechs Monate einkommensabhängig. Später wurde es auf zwei Jahre ausgedehnt. Da der Höchstbetrag lediglich 600 DM betrug und damit die Einkommenseinbußen von

Vätern nicht einmal annähernd kompensiert werden konnten, wurde es von diesen kaum in Anspruch genommen (Baronsky/Gerlach 2011). Die rot-grüne Bundesregierung richtete sich im Jahr 2001 mit einigen Reformen des Erziehungsgelds ausdrücklich an die Väter. Durch die Anhebung der Einkommensgrenze, die Budgetierung des Erziehungsgelds, das nun wahlweise über ein Jahr (450 Euro im Monat) oder zwei Jahre (300 Euro im Monat) bezogen werden konnte, sowie die Erweiterung der zulässigen Erwerbstätigkeit von 20 auf 30 Stunden sollte Elternzeit und Elterngeld auch für Väter attraktiver werden. Die Kampagne „Mehr Spielraum für Väter", die in Kooperation mit Unternehmen gestartet wurde, sollte Väter für eine aktive Vaterrolle sensibilisieren und sie zur Wahrnehmung dieser Rolle ermutigen. Doch auch diese Maßnahmen führten nicht dazu, dass Väter nach der Geburt eines Kindes in ihrer Erwerbsarbeit zurücksteckten oder sie reduzierten. Der Anteil der Väter, die Elternzeit wahrnahmen, belief sich auf lediglich ca. 3 % (Baronsky/Gerlach 2011; Huebener et al. 2016).

Erst die Einführung des am Schwedischen Modell orientierten Elterngelds im Jahr 2007, das nun ca. zwei Drittel des bisherigen Nettoeinkommens umfasst, vermindert die Lücke durch das wegfallende Gehalt und macht Elternzeit für Väter attraktiver, zumindest wenn sie vor der Geburt in Vollzeit erwerbstätig waren. Da es an Partnermonate gekoppelt ist, kann durch unübertragbare Ansprüche für Väter die Elternzeit mit Bezug von Elterngeld von zwölf auf 14 Monate erhöht werden. Durch die letzte Reform von Elterngeld zu Elterngeld plus im Juli 2015 verlängert sich dieser Zeitraum noch einmal: Nun kann das Elterngeld bei Teilzeitarbeit beider Elternteile im Umfang von 25 bis 30 Stunden insgesamt bis zu 32 Monate bezogen werden. Erst mit dieser Reform wird die gleichstellungspolitische Ausrichtung des Elterngelds wirklich sichtbar. Wie sich die neuen Möglichkeiten des Elterngeldbezugs auf bis zu 32 Monate auf eine Gleichverteilung von Beruf und Familie für beide Partner auswirkt, muss sich noch erweisen (Baronsky/Gerlach 2011; Huebener et al. 2016). Der Anteil der Väter, die Elternzeit in Anspruch nehmen, stieg zwar seit der Einführung des Elterngelds im Jahr 2007 von 3 % auf 32 % im Jahr 2013, aber mehrheitlich nahmen Väter nur zwei Monate in Anspruch (78 %). Nur knapp 22 % gingen für einen längeren Zeitraum in Elternzeit (BMFSFJ 2015). Diejenigen Väter, die sich für Elternzeit entscheiden,

- haben im Durchschnitt eine höhere Qualifikation und (gesicherte) berufliche Position,
- orientieren sich an modernen Familienbildern und
- ihre Partnerinnen verdienen gut.

Hinderungsgrund für eine längere Inanspruchnahme von Elternzeit durch Väter ist die Angst vor Einbußen in der Karriere oder der Wunsch ihrer Partnerinnen, selbst für zwölf Monate bei ihrem Kind zu bleiben. Eine beliebte Form der Elternzeit, v. a. für junge Väter, ist eine gemeinsame Familienzeit im Anschluss an die Geburt. Das ermöglicht ihnen zum einen, ihre Partnerinnen in der neuen Lebenssituation zu unterstützen und zu entlasten, und zum anderen, von Geburt an eine intensive Beziehung zu ihrem Kind aufzubauen. Für den größeren Anteil der Frauen dient die Elternzeit des Partners jedoch als Unterstützung für den Wiedereinstieg in den Beruf.

Zwei Monate Elternzeit für Väter setzen sich mittlerweile als neue Norm in Unternehmen durch. Obwohl Väter auf positive Reaktionen bei Kollegen stoßen und sich die Rückkehr in den Berufsalltag als weitgehend problemlos erweist, erheben sie aus den o. g. Gründen meist keinen Anspruch auf einen längeren Zeitraum (BMFSFJ 2015).

---

**Elternzeit in Österreich und der Schweiz**

Die Elternzeit bzw. die Karenz/das Kinderbetreuungsgeld lässt sich allenfalls zwischen Deutschland und Österreich vergleichen. In der Schweiz gibt es zum jetzigen Stand (2018) noch keine Freistellung von Vätern, die eine Bezahlung oder auch eine unbezahlte Freistellung vorsieht. Im Juli 2017 wurde hierzu eine Vaterschaftsinitiative eingereicht, die vier Wochen Vaterschaftsurlaub forderte (Vaterschaftsurlaub jetzt! 2018). Zur Beratung ins Parlament schaffte es ein Gegenentwurf der Kommission für soziale Sicherheit und Gesundheit des Ständerates (SGK-S), der einen zweiwöchigen bezahlten Vaterschaftsurlaub vorsieht, der vom Vater innerhalb von sechs Monaten ab der Geburt am Stück oder tageweise bezogen werden kann (SGK-S 2018).

Bislang ist die Schweiz neben der Türkei und den USA das einzige OECD-Land, das keine bezahlte oder unbezahlte Freistellung für Väter zur Geburt ihres Kindes kennt (Valarino 2013; Valarino/Gauthier 2016). Üblicherweise werden hier nur die gesetzlich zustehenden freien Tage, i. d. R. 1–2 Tage zur Geburt des Kindes gewährt (Baumgarten/Borter 2017). Die o. g. Schweizer Initiative fordert die Einführung eines Vätermonats von 20 Tagen, europaweit immer noch eine Forderung im unteren Bereich.

Der österreichische Gesetzgeber kennt einerseits die Karenz, eine Freistellung ohne Lohnfortzahlung. Andererseits gibt es folgende finanzielle Leistungen: Beim Kinderbetreuungsgeld werden zwei Formen unterschieden: das einkommensunabhängige Kinderbetreuungsgeld-Konto und das einkommensabhängige Kinderbetreuungsgeld (eaKBG), vergleichbar dem deutschen Elterngeld. Beim einkommensunabhängigen Kinderbetreuungsgeld richtet sich die Höhe des Bezugs danach, ob beide Elternteile das Kinderbetreuungsgeld in Anspruch nehmen oder nur einer. Des Weiteren richtet es sich nach der Anspruchsdauer und kann somit zwischen ca. 450 und 1000 Euro schwanken. Beim einkommensabhängigen Kinderbetreuungsgeld liegt die Bezugshöhe bei 80 % des vorherigen Einkommens, maximal 66 Euro/Tag (Kammer für Arbeiter und Angestellte Wien 2017).

Beide Modelle fördern eine egalitäre Aufteilung der Betreuungszeiten durch einen Partnerschaftsbonus. Daneben gibt es seit März 2017 auch noch den Familienzeitbonus als weitere, aber nicht zusätzliche finanzielle Hilfe, wenn Väter sich zeitnah (= innerhalb von 91 Tagen) nach der Geburt eine familiäre Auszeit gönnen möchten (Kammer für Arbeiter und Angestellte Wien 2017).

---

Wie aus der folgenden Tabelle 2.2 ersichtlich wird, lag die Väterbeteiligung in beiden Ländern ähnlich hoch: Während in Deutschland 2016 rund 34 % der Väter Elternzeit in Anspruch nahmen (BMFSJF 2017b), waren dies in Österreich beim einkommensabhängigen Kinderbetreuungsgeld knapp 31 % (Bundesministerium für Familien und Jugend Österreich 2017). Betrachtet man den Anteil der Väter an allen Leistungsbeziehenden, also Mütter und Väter, liegt der Anteil in Österreich geringfügig höher.

Die Motivlagen der Väter sind unterschiedlich. Allen gemeinsam ist jedoch der Wunsch, mehr Zeit mit ihrem Kind zu verbringen. Die Zeit für und mit dem Kind beschreiben sie als eine wertvolle und bereichernde Erfahrung, die eine Basis für die

**Tab. 2.2:** Vergleich Bezug Elterngeld in Deutschland und Österreich (Quelle: Eigene Darstellung).

|  | Deutschland (BMFSJF 2017b) | Österreich (Bundesministerium für Familien und Jugend 2017) |
|---|---|---|
| Bezieher des Elterngeldes/Elterngeld plus oder eine Variante des Kinderbetreuungsgeldes 2016 | gesamt: 1.640.118 davon Väter: 364.853 (22,2 %) | gesamt: 128.730 davon Väter: 5.382 (23,9 %) |
| Väterbeteiligung am Elterngeld/Elterngeld plus (2014) bzw. einkommensabhängigen Kinderbetreuungsgeld (2015) | 34,2 % | 30,63 % |

weitere Bindung zum Kind darstellt. Väter, die Elternzeit hatten, verbringen täglich eine Stunde mehr mit dem Kind, haben eine intensivere Beziehung zu ihm und arbeiten häufiger in Teilzeit. Je länger sie Elternzeit nahmen, desto länger hält auch ihr Engagement in der Familie an. Dadurch ermöglichen sie ihren Partnerinnen, schneller und leichter in den Beruf zurückzukehren. Andererseits erlaubt es auch die Berufstätigkeit der Frau erst, Elternzeit und Elterngeld überhaupt in Anspruch zu nehmen (BMFSFJ 2015).

Das Engagement der Väter wird als Gewinn für die Familie betrachtet. Es hat sowohl positive Auswirkungen auf die Beziehung zum Kind und ihr eigenes Wohlbefinden als auch auf die Paar- und die Mutter-Kind-Beziehung. Die geteilte Verantwortung für Einkommen und Kinderbetreuung erleben beide Elternteile als Entlastung. Durch die Unterstützung ihrer Partner sind die Mütter gelassener und geduldiger im Umgang mit ihren Kindern. Zudem sind beide zufriedener mit ihrem Alltag, was sich wiederum positiv auf die Beziehungsstabilität auswirkt. Entscheiden sich Väter bewusst dafür, auch nur für einen kurzen Zeitraum die Elternzeit in Anspruch zu nehmen, um eine enge Bindung zu ihrem Kind aufbauen zu können, sich an ihre neue Rolle als Vater zu gewöhnen und die Partnerin bei der Fürsorge zu entlasten, ist dies förderlich für die Entwicklung ihrer Kinder. Zum anderen ist es ein „Türöffner" für eine dauerhaft partnerschaftliche Arbeitsteilung, die auch nach der Elternzeitphase Bestand haben kann. Zumindest äußern Väter, dass sie sich auch in Zukunft stärker beteiligen möchten und versuchen werden, ihre Berufsarbeit familienfreundlicher zu organisieren (BMFSFJ 2015; BMFSFJ 2018).

Das Elterngeld als familienpolitische Maßnahme erfährt sowohl Zustimmung als auch Kritik. Kritisch gesehen werden muss z. B., dass es v. a. für besser verdienende Familien von Vorteil ist, die in gesicherten Arbeitsverhältnissen stehen. Dennoch haben sich auch bei Eltern, die nicht von der Reform profitierten, Veränderungen im Erwerbsverhalten eingestellt. Diese Effekte sind ggf. auf einen Wandel in sozialen Normen, wie z. B. die Zwei-Monatsregelung für Väter als neue Norm in Unternehmen, zurückzuführen. Jedoch bleibt abzuwarten, ob sich auch die Dauer der Elternzeit für Väter weiter ausdehnen wird und inwieweit sich die Aufgabenverteilung in Familien auch über die ersten Lebensjahre der Kinder hinaus für beide Geschlechter angleicht (Huebener et al. 2016). Denn außerhalb der Elternzeit stellt sich auch für Väter ein stärkeres Engagement in der Familie als Vereinbarkeitsdilemma dar. Anforderungen in der Arbeitswelt sind meist konträr zu Anforderungen aus der Familienarbeit, was sich im Alltag oft als Dauerkonflikt erweist. Deshalb wären über das Elterngeld hinaus weitere familien-, väter- und arbeitspolitische Schritte erforderlich sowie eine Politikgestaltung, die die väterpolitische Wirkung prüft und mehr Vätersensibilität entwickelt (Walter/Eickhorst 2012).

## 2.3 Rolle und Aufgaben von Vätern

Die Rolle des Vaters war zu allen Zeiten und in allen Gesellschaften an Funktionen gebunden, die den Fortbestand der Gesellschaft sichern sollten. Betrachtet man die Erwartungen an Väter, lassen sie sich mit der Aufgabentrias Ernährung, Erziehung und Gewalt auf einen Nenner bringen. Ernährung zielt auf die Sicherstellung physischen Wachstums, Erziehung auf die Sicherstellung psychischen Wachstums und Gewalt auf die Rechte, diese Aufgaben auch übernehmen zu dürfen und damit den Schutz des Kindes sowie den Fortbestand der Familie zu sichern (Thomä 2012). Ein Modell für Vaterschaft war in vielen Gesellschaften der mit großer Macht und einem enormen Pflichtenkatalog ausgestattete „pater familias" des alten Rom (Walter 2011), das in Deutschland als das sog. Familienernährermodell bis weit in das 20. Jahrhundert hinein eine klare Orientierung vorgab. Das Vaterbild blieb wirkmächtig, obwohl es in der Realität längst abgeschwächt war: Der Vater – als Ernährer für den Broterwerb zuständig – war über weite Strecken der Woche in der Arbeit und damit als Erzieher von der Familie abwesend. Die Erziehung und der Haushalt oblagen dadurch zwangsläufig weitgehend der Mutter oder zunehmend auch öffentlichen Institutionen. Der Vater griff nur ein, wenn es erforderlich wurde. Auch wenn bereits 1956 der Deutsche Gewerkschaftsbund (DGB) mit dem Slogan „Am Samstag gehört Vati mir" für kürzere Arbeitszeiten eintrat, war dabei weniger eine Veränderung der Vaterrolle bzw. Umverteilung der Zuständigkeiten in Familien im Blick als vielmehr eine Verbesserung der Arbeits- und Lebensbedingungen insgesamt.

Erst in Folge gesellschaftlicher Veränderungen ab Ende der 1960er-Jahre wurden neue Formen für Vaterschaft bzw. Rollenmodelle für Väter gesucht, in denen die Zuständigkeiten für Ernährung, Erziehung und Gewalt neu verhandelt werden. Ab den 1980er-Jahren wurde eine geteilte Elternschaft mit einer egalitären Aufteilung der Zuständigkeiten zwischen den Eltern thematisiert. Die Umsetzung dieses Modells gelingt bislang allerdings nur wenigen Familien (Walter 2011). Insgesamt ist jedoch nach Fthenakis und Minsel (2002) eine Verschiebung von „Vätern als Ernährer" zu „Vätern als Erzieher" auszumachen.

Damit hat sich auch in der Rolle der Väter vieles verändert. In der Väterforschung wird meist der Begriff des „neuen" Vaters (oder auch aktiven, engagierten oder involvierten Vaters) verwendet (Eickhorst 2005: 15), der – im Gegensatz zum „traditionellen" Vater – als Verantwortungsperson auch im Familienalltag in die Versorgung, Pflege und Erziehung der Kinder eingebunden ist. Im Einbindungsprozess zeigen sich jedoch große Unterschiede. Die eigene Sichtweise der Väter als „aktiver Vater" gilt ebenso als Kriterium wie eine objektive Erhebung der realen (überdurchschnittlich) hohen Zeitverwendung von Vätern mit ihren Kindern. Ein Indikator, der häufig herangezogen wird, ist die Nutzung der Partnermonate des Elterngeldes (Possinger 2013). Bei allen Differenzen scheint eines jedoch – wie so oft – klar zu sein, was ein neuer Vater nicht sein soll: Alleinernährer der Familie (Meuser 2016).

In ihren Familien sowie in der Wahrnehmung ihrer Kinder nehmen Väter dementsprechend vielfältige Rollen ein. Sie sind „Gefährten, Partner, Versorger, Beschützer, Vorbilder, Lehrer, Ernährer usw.", die ihren Kindern Schutz und Fürsorge bieten, Spielkamerad sind, Werte und Normen vermitteln, sie erziehen und anregen (Becker-Stoll 2014: 280). Ebenso wie Mütter verfügen Väter über intuitive elterliche Kompetenzen und Fürsorgekompetenz, die es ihnen ermöglicht, angemessen auf die Bedürfnisse des Kindes einzugehen, es zu trösten, zu beruhigen, zu pflegen und zu füttern (Gloger-Tippelt 2011).

Neben den Gemeinsamkeiten werden in westlichen Gesellschaften auch die „distinktiven Merkmale" der Vaterrolle hervorgehoben. Gemeint sind damit Unterschiede zu mütterlichem Verhalten. In der Zeit, die Väter mit ihren Kindern verbringen, wenden sie sich stärker Spiel und Freizeitaktivitäten zu, sie toben mehr mit ihnen, regen sie zu „gefährlicheren" Aktivitäten an und fördern damit stärker das Selbstvertrauen ihrer Kinder. Zudem berücksichtigen sie in ihren Aktivitäten eher das Geschlecht der Kinder, was sich z. B. daran zeigt, dass sie insbesondere mit Jungen wilder spielen (Seiffge-Krenke 2016) – ein Aspekt, der nach Lamb (2012) jedoch sehr stark kultur- und elternabhängig ist. Lamb weist aufgrund seiner Forschungserfahrungen der letzten drei Jahrzehnte darauf hin, dass diese Unterschiede nicht in allen Kulturen gegeben seien und Väter viel weniger aufgrund ihres Geschlechts als Mann denn als Elternteil für die Entwicklung ihrer Kinder entscheidend sind (Kapitel 2.5; 2.6).

In der psychoanalytischen Theorie wird dem Vater darüber hinaus eine wichtige Rolle sowohl in der Triangulierung als auch bei der Geburt eines Geschwisterkindes zugeschrieben. Unter Triangulierung versteht man die Rolle, die der Vater als dritte Person bei der Herauslösung aus der anfänglichen symbiotischen Beziehung zur Mutter hat, indem er als ablösungsunterstützender Dritter zur Verfügung steht. Dies erleichtert dem Kind auch die Anpassung nach der Geburt eines Geschwisterkindes, da es sich dem Vater zuwenden kann. Wenn für die Mutter zunächst das Neugeborene in den Vordergrund tritt, hat der Vater für das Geschwisterkind eine ausgleichende Funktion (Gloger-Tippelt 2011).

Obwohl die Rolle der Väter in ihren Familien und für die Kinder heute so vielfältig ist, bleibt ihnen immer noch vergleichsweise wenig Zeit für diesen Lebensbereich. Im Alltag der Familien klafft zwischen dem Anspruch an engagierte Vaterschaft und der tatsächlich anfallenden Sorgearbeit für die Kinder weiterhin eine Lücke. Väter scheitern mit ihrem Anspruch oft an ihren Arbeitszeiten und der mangelnden Flexibilität der Arbeitgeber sowie an eigenen ambivalenten Einstellungen oder den Wünschen ihrer Partnerin (IfD Allensbach 2011).

## 2.4 Väter zwischen Tradition und Moderne

Das verändere Verständnis von Vaterschaft äußert sich nicht nur in dem Wunsch von Vätern, sich stärker in der Familie und Kindererziehung zu engagieren. Auch die Mehrheit der Bevölkerung befürwortet eine stärkere Beteiligung an der Erziehung und Betreuung ihrer Kinder und sieht auch Belege dafür, dass diese in den letzten fünf oder zehn Jahren zugenommen hat. Der Wandel der Vaterrolle ist eingebettet in gesellschaftliche Modernisierungsprozesse, die kein eindeutiges und klares Modell zur Verfügung stellen. Väter bewegen sich in ihren Lebensentwürfen und Lebensführungen zwischen modernen und traditionellen Vorstellungen. Um das Aufwachsen ihrer Kinder stärker begleiten und mehr von ihrer Entwicklung mitzubekommen, wünschen sie sich, aktiver an der Betreuung und Erziehung ihrer Kinder mitwirken zu können. Dafür sind sie auch bereit, beruflich zumindest zeitweise zurückstecken. Dies tritt jedoch in Konkurrenz zu ihrer Rolle als Hauptverdiener, der dafür verantwortlich ist, den Kindern und der Familie einen guten Lebensstandard zu ermöglichen (Possinger 2013). Als Ausweg auf diese widersprüchliche Situation entwickeln sie in Abstimmung mit ihren Partnerinnen unterschiedlichste Arrangements, für die eine Unterscheidung in traditionelle und moderne oder neue Modelle von Vaterschaft zu kurz greift.

Das zeigt sich in mehreren Untersuchungen, in denen unterschiedliche Typen und Konzepte von Vaterschaft herausgearbeitet wurden (Volz/Zulehner 1998; Matzner 2004; Possinger 2013; Gumbinger/Bambey 2009; Li et al. 2015).

Während in vielen Studien v. a. die Einstellungen von Vätern erhoben werden, fokussiert Possinger (2013) in ihrer qualitativen Studie auf die Alltagsorganisation in den Familien und die Aufgaben, die die Väter dabei übernehmen, orientiert am Konzept des „doing family" (Jurczyk et al. 2014). Drei Typen von Vaterschaft scheinen demnach heute typisch zu sein, die sie als „traditionell-fürsorgliche", „partnerschaftlich-fürsorgliche" und „egalitär-fürsorgliche" Vaterschaft bezeichnet (Possinger 2013).

Beim traditionell-fürsorglichen Modell ist der Mann in Vollzeit und die Frau in Teilzeit beschäftigt, die Hauptverantwortung für die Kinder und den Haushalt übernimmt die Frau. Väter unterstützen die Mütter, solange ihre „eigentliche" Aufgabe, nämlich die Berufstätigkeit, nicht davon beeinträchtigt wird. Bei partnerschaftlich-fürsorglicher Vaterschaft betrachten die Männer Hausarbeit zwar als originären Zuständigkeitsbereich der Frau, engagieren sich aber deutlich mehr im Haushalt sowie bei der Krankenpflege von Kindern und fühlen sich stärker in der Verantwortung, beruflich ebenfalls zurückzustecken, sollte ein Kind erkranken. In egalitär-fürsorglichen Partnerschaften teilen sich Väter die anfallende Familienarbeit weitgehend symmetrisch mit ihrer Partnerin, sowohl was die täglich anfallende Hausarbeit als auch Pflege der Kinder betrifft (Possinger 2013). Nach dieser Typologie sind alle Väter in Fürsorgeaufgaben eingebunden, unterscheiden sich aber erheblich in ihrem Selbstverständnis als Vater und dem lebenspraktischen Einlassen auf Familie und Kinder.

Matzner (2004) stellt in seiner qualitativen Untersuchung zu Vaterschaft aus der Sicht von Vätern den Zusammenhang von Vaterschaftskonzepten zu bestimmten Milieus her. Er charakterisiert vier unterschiedliche Vaterschaftskonzepte (Einstellungen zu Vaterschaft, Erziehung und Beteiligung) mit den Polen „traditioneller Ernährer" (wie in Kapitel 2.2 beschrieben) und dem „familienorientierten Vater", der sich ganz auf die Familie und seine Vaterschaft konzentriert. Dazwischen finden sich der „moderne Ernährer", für den die Berufstätigkeit zwar im Vordergrund steht, aber Zeit für die Familie und die Entwicklung einer guten Vater-Kind-Beziehung ebenso leitend ist sowie der „ganzheitliche Vater", für den Beruf und Familie gleichermaßen wichtig sind und der versucht, das im Alltag auch so zu leben, indem er in der Familie Aufgaben übernimmt und präsent ist. Der „traditionelle" Ernährer hat zwar normativ stark an Bedeutung verloren, doch in einigen Milieus wie z. B. im ländlichen Bereich, bei christlich-konservativen Milieus oder bei Einwanderern stellt er durchaus noch ein Leitbild dar. „Ganzheitliche" oder „familienorientierte" Väter dagegen finden sich v. a. im liberal-intellektuellen Milieu oder im modernen bürgerlichen Milieu. Worauf Matzner (2004: 30) jedoch v. a. hinweist, sind die Dynamik und Flexibilität der subjektiven Vaterschaftskonzepte. Sie sind nicht starr, sondern ein „kontinuierlich wechselnder Seins-Zustand", der in Relation zur sozialen Umgebung steht.

Gumbinger und Bambey (2009) kritisieren an vielen Studien, dass sie Merkmale der Väter eher an der einstellungsbezogenen Oberfläche und einigen lebenspraktischen Bereichen erheben, die „Tiefenschichten" damit aber vernachlässigen. Diese bewegten sich auch sehr viel langsamer, sodass Väter oft heftigen Widersprüchen ausgesetzt sind, die sich als Gleichzeitigkeit des Ungleichzeitigen charakterisieren lassen. Sie bewegen sich zwischen neuen Rollenerwartungen an Väter und traditionellen Erwartungen in der Berufsarbeit oder zwischen neuen Rollenerwartungen und traditioneller Aufgabenteilung, was zu inneren Ambivalenzen führen kann. So können Väter trotz traditioneller Orientierung an der männlichen Rolle sich im Alltag auch stark auf Anforderungen im Haushalt und Pflegeaufgaben einlassen. Ebenso können sie bei egalitärer Einstellung im Alltag an ihrem Anspruch scheitern und als Hauptverdiener stark in ihre Berufstätigkeit eingespannt sein. Das konkrete Muster von Vaterschaft hängt nicht nur von den Einstellungen und dem Handeln der Väter ab. Es ist auch oder v. a. ein Resultat von spezifischen Kommunikationsprozessen zwischen den Partnern (Döge 2007). Als zentralen Befund der Studie stellen sie eine zunehmende Orientierung am Bild der engagierten Vaterschaft bei sehr unterschiedlichen Umsetzungen in der Alltagspraxis fest. Väter, die eher egalitäre Rollenbilder vertreten, können z. B. emotional unsicher und schnell überfordert in der Lösung von Problemen mit Kindern sein und die Kindererziehung deswegen den Frauen überlassen. Sie können sich aber auch auf ihre Kinder einlassen, fühlen sich dabei aber schnell überfordert und reagieren gereizt. Ebenso können sie als Folge unvereinbarer Vorstellungen mit ihren Partnerinnen aus der Erziehung der Kinder herausgehalten werden oder sich selbst zurückziehen. Und selbst für Väter, die eine engere emotionale Beziehung zum Kind haben und denen eine gerechtere Verteilung der Familienarbeit wichtig ist, ist im Alltag die egalitäre Orientierung oft nicht umsetzbar, da strukturelle berufliche Gründe eine starke Einbindung in die Arbeit mit sich bringen.

Im Survey „Aufwachsen in Deutschland: Alltagswelten" (AID: A), einer repräsentativen Studie des Deutschen Jugendinstituts, die sich auf väterliche Aktivitäten im Alltag bezieht, wird die Mehrzahl der Väter (64 %) als „durchschnittlich aktiv" eingestuft, 20 % als „wenig aktiv" und lediglich 16 % als „aktiv". Als Kriterien für aktive Vaterschaft gelten z. B. „Zeitverwendung mit den Kindern", „Engagement in der Kinderbetreuung" und „Übernahme spezifischer kindbezogener Aktivitäten" (Li et al. 2015: 29). Interessant sind v. a. die Korrelationen der unterschiedlichen Indikatoren Quantität und Qualität.

„So scheinen ‚aktive Väter' aufgrund ihres alltäglichen Umgangs mit dem Kind ein besseres Verständnis für die Bedürfnisse des Kindes aufzuweisen, als diejenigen, die sich seltener im Alltag mit ihren Kindern beschäftigen." (Li et al. 2015: 144)

An diesen Befunden wird deutlich, dass die positive und fast schon euphorische Sichtweise über Veränderungen in den Väterrollen, die in den Studien zum Elterngeld mitschwingen, mehr Wunschdenken als Realität sind. Elternzeit ist kein Garant für partnerschaftliche Arbeitsteilung. Vor allem wenn beide Elternteile zur gleichen Zeit zu Hause sind, sind die Väter eher „mithelfender Schüler" (Possinger 2013) oder „Juniorpartner" (Meuser 2016) der Mütter. Elternzeit eignet sich nur bedingt als Gradmesser für engagierte Vaterschaft. Aber Elternzeit kann für Väter ein Türöffner für größeres Engagement in der Familie sein. Entscheidend scheint jedoch zu sein, dass Eltern sich über das Arrangement einig sind, gegenseitiges Vertrauen aufbringen und sich im Alltag immer wieder darauf verständigen bzw. es bei Bedarf neu austarieren.

## 2.5 Rolle der Väter für die kindliche Entwicklung

Die Bedeutung und Rolle des Vaters für die Entwicklung des Kindes lässt sich nach Gloger-Tippelt (2011) nur auf mehreren Ebenen und unter dynamischen Gesichtspunkten angemessen beschreiben. Dafür greift sie zurück auf das humanökologische Entwicklungsmodell nach Bronfenbrenner (Abbildung 2.1), wonach Familien als Mikrosystem eingebunden sind in komplexere Systeme von Verwandten, Nachbarn, Arbeitswelt, öffentliche Institutionen sowie in einen Werte- und Normenkanon der jeweiligen Gesellschaft. Diese können sich im Laufe der Zeit ebenso verändern wie der Vater sich selbst durch Lebenserfahrung oder die Kinder durch ihre Entwicklungsfortschritte.

Das Kind und seine Familie im Kontext

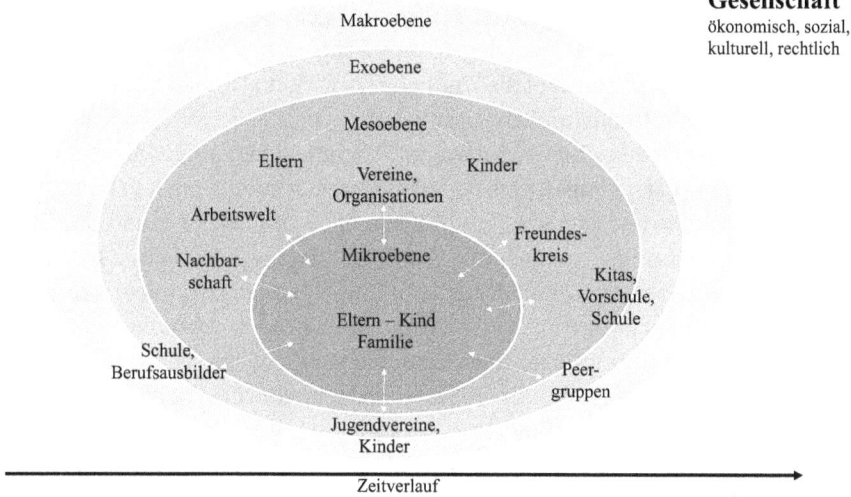

**Abb. 2.1:** Humanökologisches Entwicklungsmodell nach Bronfenbrenner (Quelle: Institut für Kindheit und Entwicklung 2017, in Anlehnung an Flammer 1996).

Alle diese Systeme stehen im Austausch und wirken zusammen. So ist eine gute Beziehung in der Partnerschaft ebenso förderlich für die kindliche Entwicklung wie befriedigende Arbeitsbedingungen und letztlich auch, wie der Vater die Anforderungen aus dem Betrieb mit familiären Anforderungen ausbalancieren kann. Die Rolle des Vaters für die kindliche Entwicklung ist dementsprechend auch abhängig von der Partnerschaftsqualität der Eltern. Schon in den ersten Monaten wirkt sich eine stabile, verlässliche und emotionale Paarbeziehung positiv auf eine gesunde kindliche Entwicklung aus (Gloger-Tippelt 2011).

Befunde zur Bedeutung väterlichen Engagements für die kindliche Entwicklung kommen v. a. aus dem englischsprachigen Raum. Lamb (2000; 2012) gibt in einem Überblick über Väterforschung aus den letzten Jahrzehnten einen Einblick in die vielfältigen Befunde. Danach ist der alleinige Fokus auf die Zeit, die ein Vater mit seinem Kind verbringt, für die Definition väterlicher Beteiligung ungenügend. Aktive Vaterschaft fächert er auf in drei Komponenten elterlicher Beteiligung, die für die Entwicklung der Kinder von Bedeutung sind: Engagement, Verfügbarkeit und Verantwortung. Unter Engagement versteht er die Zeit, die ein Vater in tatsächlicher Eins-zu-eins-Interaktion mit seinem Kind verbringt. Verfügbarkeit (Accessibility) dagegen meint die Anwesenheit bzw. grundsätzliche Ansprechbarkeit des Vaters, auch wenn er gerade mit einer anderen Tätigkeit befasst ist, z. B. mit Kochen. Und Verantwortung (Responsibility) schließlich umfasst die grundsätzliche Verantwortung für das kindliche Wohlbefinden und Pflege i. S. der finanziellen Unterstützung, der Wahrnehmung alltäglicher Pflegeaufgaben sowie spezifischer Aufgaben und Organisationserfordernisse mit einem Kind, wie z. B. Vorsorgeuntersuchungen. Unter dieser Perspektive zeigt sich, dass die Zeit, die Väter mit ihren Kindern verbringen sowie die Verantwortlichkeit, die sie übernehmen, von sozioökonomischen Bedingungen, dem Alter und Geschlecht des Kindes sowie der Berufstätigkeit der Partnerin abhängt.

Der Einfluss des Vaters auf die kindliche Entwicklung und das kindliche Wohlbefinden lässt sich folgendermaßen zusammenfassen:

–   Die Unterschiede zwischen Vätern und Müttern sind geringer als deren Gemeinsamkeiten. Väter können ebenso kompetent mit ihren Säuglingen umgehen wie die Mütter. Sie verfügen über intuitive elterliche Kompetenzen und sind in der Lage, aktive Fürsorge (caregiving) i. S. von emotionaler Wärme und liebevoller Zuwendung zu zeigen. Wenn Mütter feinfühliger und abgestimmter auf ihre Babys reagieren, liegt das an der größeren Übung, die sie damit haben, da sie ihre Fähigkeiten „on the job" ausbauen. Emotionale Wärme und Fürsorge vonseiten der Eltern sind hoch relevant für die emotionale, motorische, kognitive und intellektuelle Entwicklung von Kindern.
–   Entscheidend für die kindliche Entwicklung sind weniger die Persönlichkeitseigenschaften und das Geschlecht des Vaters als eine sichere und feinfühlige Vater-Kind-Beziehung. Und hier profitiert ein Kind v. a., wenn es feinfühlige, aber unterschiedliche Interaktionserfahrungen mit seinen Eltern machen kann.
–   Väterliches Engagement umfasst mehrere Rollen und Komponenten (Engagement, Verfügbarkeit, Verantwortung). Ihr Einfluss auf die Entwicklung des Kindes hängt von der Intensität der Beziehung und dem Zusammenspiel der unterschiedlichen Rollen im spezifischen sozialen und kulturellen Kontext der Familie ab.
–   Die Bedeutung des Vaters kann schließlich nur im familialen und kulturellen Kontext verstanden werden. Ein positiver Einfluss des Vaters auf die Entwicklung des Kindes ist am ehesten zu erwarten, wenn auch die Qualität der Beziehungen innerhalb der Familie, zur Partnerin und zu anderen Kindern und Familienangehörigen positiv ist. Das beinhaltet auch, dass die Eltern sich über die Arbeitsteilung und das Engagement der Väter einig sind (Lamb 2000; Lamb 2012; Becker-Stoll 2014).

Ein stärkeres Engagement der Väter in der Familie hat sowohl direkte als auch indirekte Auswirkungen auf die kindliche Entwicklung. Neben Beziehungs- und Interaktionserfahrungen der Kinder mit ihren Vätern wirken sich auch die elterliche Beziehungsqualität und Ausgeglichenheit auf die kindliche Entwicklung aus. Das Motiv der Väter, Mütter durch ihre Elternzeit und stärkeres Engagement im Haushalt zu entlasten, wirkt sich damit indirekt auch auf die Entwicklung der Kinder aus. Zudem werden Väter auch von ihren Kindern als unterstützender wahrgenommen, je mehr sie sich im Haushalt engagieren (Becker-Stoll 2014). So ist es nicht verwunderlich, dass sie sich mehr Präsenz von ihnen wünschen. Nur 34 % der Kinder, die in der World-Vision-Studie 2007 befragt wurden, sagen, dass ihre Väter genügend Zeit für sie haben (Hurrelmann/Andresen 2007).

## 2.6 Väter als Bindungspersonen

Der Vater-Kind-Bindung wird heute eine ebenso wichtige Bedeutung für die Entwicklung der Kinder zugesprochen wie der Mutter-Kind-Bindung. Schon in den Anfängen der Bindungsforschung zeigte sich, dass die Vater-Kind-Bindung von der Mutter-Kind-Bindung unabhängig ist. Bereits in der frühen Kindheit bauen Kinder eine eigenständige Beziehung zu ihrem Vater auf, die nicht von der Qualität der Bindung zur Mutter bestimmt wird. So kann die Bindung zum Vater zwar das gleiche Muster wie die Bindung zwischen Kind und Mutter aufweisen, ebenso können sich die beiden aber auch unterscheiden. Eine sichere Bindung entwickelt sich dann, wenn die Bindungsperson feinfühlig mit ihrem Kind interagiert und eine sichere Basis zur Erkundung der Welt bzw. einen sicheren Hafen in verunsichernden oder beängstigenden Situationen bietet. Reagiert die Bindungsperson nicht angemessen und feinfühlig auf die Bindungs- und Explorationsbedürfnisse ihres Kindes, so kann es zu Unsicherheit beim Kind führen. Mütter und Väter tragen gleichermaßen, aber auf ihre je eigene Weise zum Bindungs- und Explorationsverhalten ihrer Kinder bei und unterstützen oder behindern sie in ihrer Entwicklung (Kindler 2011).

Neuere Untersuchungen belegen, dass Väter das Bindungsverhalten unterstützen, wenn sie schon im Säuglingsalter in die Fürsorgearbeit aktiv einbezogen sind. Positives väterliches Engagement wirkt sich hierbei positiv auf die Rolle des Vaters als Bindungsperson aus. Und auch für Kinder mit einer sicheren Bindung zur Mutter ist die Erfahrung mit dem Vater als weitere Bindungsperson von Vorteil. Durch den unterschiedlichen Umgang der Mutter und des Vaters in der Betreuung eröffnet sich für das Kind ein vielfältigerer Erfahrungsraum mit emotionaler Fürsorge, Regulation und Exploration. Eine frühe positive Bindungserfahrung mit dem Vater ist dann wichtiger, wenn die Bindung zur Mutter problematisch oder wenig unterstützend ist, z. B. bei einer psychischen Erkrankung der Mutter. Insgesamt betrachtet, hat eine sichere Vater-Kind-Bindung in der frühen Kindheit eine protektive Wirkung für die gesunde emotionale und kognitive Entwicklung des Kindes (Kindler 2011; Grossmann/Grossmann 2004).

Befunde der Bindungsforschung beziehen sich bislang v. a. auf traditionelle Familien, in denen die Mütter die Hauptfürsorgeperson für die Kinder sind. Den Vätern kommt eher die Rolle des Ernährers und Spielpartners zu. Dementsprechend betonen Karin und Klaus Grossmann weniger die Unterstützung der Bindung als die Unterstützung der Exploration durch die Väter. Auch sie stellen wie Seiffge-Krenke (2016) die distinktive Funktion der Väter heraus und weisen darauf hin, dass diese oft wilder mit ihren Kindern spielen, sie stärker fordern, zu Neuartigem ermutigen und Erfahrungen in der Natur vermitteln, die ohne ihre sorgende Umsicht zu gefährlich wären. Für dieses feinfühlige Verhalten haben sie den Begriff der „väterlichen Spielfeinfühligkeit" geprägt. Eine hohe väterliche Spielfeinfühligkeit hat Einfluss auf soziale Kompetenz und Anpassungsfähigkeit des Kindes besonders in der Auseinandersetzung mit neuen Anforderungen und Beziehungen (Grossmann/Grossmann 2004; Kindler 2011).

Aktive Väter übernehmen aber auch zunehmend Fürsorgearbeit und wickeln, füttern und baden ihre Kinder. Doch auch im Fürsorgeverhalten können Unterschiede zwischen Müttern und Vätern beobachtet werden. Weint das Kind und sucht Nähe, reagieren Väter häufig gelassener und lenken die Kinder eher ab (Ahnert 2016). Dieser Unterschied sei nach Le Camus (2006) parziell vom biologischen Geschlecht bestimmt. Lamb (2012) dagegen betont, dass die Unterschiedlichkeit eher der gesellschaftlichen Konstruktion von Männlichkeit geschuldet sei. Beide Elternteile können sowohl „mütterliche" als auch „väterliche" Anteile verkörpern. Für das Wohlbefinden der Kinder sei es nicht zwangsläufig erforderlich, in einer Familie mit Vater und Mutter aufzuwachsen. Auch gleichgeschlechtliche Eltern sowie Alleinerziehende können beide Anteile verkörpern. Für das Wohlbefinden des Kindes ist es letztlich entscheidender, dass Vater und Mutter als Eltern verfügbar sind denn als Mann oder Frau.

## 2.7 Väter im Blickfeld der Familienbildung

Neue Modelle von Vaterschaft werden bislang v. a. von Vätern in der „gesellschaftlichen Mitte" erprobt (Thomas 2012). Diese Väter haben einen hohen Anspruch an die Erziehung ihrer Kinder und möchten ihnen v. a. Werte wie Selbstvertrauen, Liebe, Selbstständigkeit, Menschlichkeit, Toleranz und Respekt vermitteln. Sie sind mit der Erziehung und ihrer Rolle in der Erziehung zufrieden. Veränderte Rollen von Vätern können aber auch Verunsicherungen und Unsicherheiten mit sich bringen, für deren Bewältigung ein Austausch mit anderen Vätern oder Fachkräften hilfreich wäre. Familienbildungsstätten sind in Deutschland die Orte, an denen Angebote und Gelegenheitsstrukturen für Familien geschaffen wurden, damit diese sich mit Fragen der Elternschaft, Erziehung oder Arbeitsteilung auseinandersetzen können. Und hier sind Väter als Teil des Systems Familie ebenso angesprochen wie die Mütter, z. T. implizit, zunehmend aber auch explizit. Doch obwohl ca. zwei Drittel der Familienbildungsstätten seit vielen Jahren gezielt Angebote auch an Väter richten, erreichen diese sie häufig nicht. Um den Vätern den Zugang zur Familienbildung zu erleichtern, benennt Eberhard Schäfer vom Väterzentrum Berlin (Schäfer 2010a; Schäfer 2010b) einige strukturelle und inhaltliche Anforderungen wie z. B.

- Vermittlung eines positiven Bildes von Vätern,
- Angebote und Sprache, die Väter ansprechen – „Väterdomänen" als Ausgangspunkt (z. B. Erlebnispädagogik),
- Väter explizit benennen (Väter, Mütter, Kinder statt Familie),
- Präsenz an Orten, an denen sich Väter ohnehin bewegen (z. B. Kooperation mit Arbeitgebern),
- Zeiten, zu denen berufstätige Väter teilnehmen können,
- Einbezug von Vätern von Anfang an, z. B. auf der strukturellen Ebene der Frühen Hilfen,
- Männer als Ansprechpartner in der Einrichtung.

Neben Familienbildungsstätten reagieren auch Kinder- und Familienzentren zunehmend auf den Wandel von Vaterschaft. Denn Väter aus unterschiedlichen Milieus bewegen sich zunehmend selbstverständlicher an diesen Orten, wenn sie z. B. die Kinder in die Kindertagesstätte bringen. „Dieses pädagogische Handlungsfeld der Jugendhilfe bietet für Väter aus unterschiedlichen Herkunftsländern gute Voraussetzungen, um sich für Kinder zu engagieren." (Seehausen 2012: 19) Was sich in Familienzentren durch gezielte Angebote an Väter entwickeln kann, zeigt das Projekt „Interkulturelle Väterbeteiligung" in einem Frankfurter Familienzentrum. Zielsetzung des Projekts war eine größere Beteiligung der Väter an der Arbeit des Familienzentrums sowie eine Stärkung ihrer Vaterrolle. Durch Angebote, in denen die o. g. Anforderungen Berücksichtigung finden, wurden Väter verstärkt auf die Aktivitäten des Familienzentrums aufmerksam. Sie zeigten ein großes Interesse, sich mit anderen Vätern über Alltagsfragen auszutauschen sowie mit ihren Kindern Zeit zu verbringen (z. B. Kennenlernen der Gruppenräume, Wandern, Fußballspielen mit Kindern bis hin zu einem Zoo-Besuch). Aus diesen Erfahrungen entwickelte sich aufseiten der Väter das Bedürfnis nach dem Aufbau eines sozialen Netzwerks mit anderen Vätern, und für das Familienzentrum ergaben sich über ein freiwilliges Engagement der Väter neue Möglichkeiten für kindliche Bildungsprozesse (Seehausen 2012).

Die Rolle von Familienzentren als Orte, an denen alle Väter, nicht nur jene aus der gesellschaftlichen Mitte, gut erreicht werden können, zeigt sich auch in den USA und Großbritannien. Im Programm Early-Head-Start (vergleichbar den deutschen Kinder- und Familienzentren) sollten Väter, die aus einkommensschwachen Milieus kommen, besser in die Aktivitäten des Kindergartens sowie Angebote für Eltern eingebunden werden. An den Programmaktivitäten nahm zwar nur eine Minderheit der Väter teil, bei diesen Vätern zeigte das Programm allerdings positive Auswirkungen auf ihr Erziehungsverhalten und ihre Interaktion mit den Kindern. So nahm beispielsweise das Wissen über kindliche Entwicklungsprozesse bei den Vätern zu und sie wurden sicherer im Umgang mit ihren Kindern. Das Personal in den Kinderzentren bemerkte darüber hinaus, dass Kinder davon profitierten, wenn sie mehr Möglichkeiten zur Interaktion mit ihren Vätern und anderen männlichen Vorbildern hatten (Burwick/Bellotti 2005).

Die Evaluation der Head-Start-Programme ergab zudem, dass im frühen Alter der Kinder Angebote an die gesamte Familie von Vätern besser und mit wachsender Beteiligung angenommen wurden als väterspezifische und väterinterne Angebote. Und die Beteiligung wuchs, wenn Väter direkt angesprochen oder über ihre Frauen darauf aufmerksam gemacht wurden (Burwick/Bellotti 2005). In einem vergleichbaren Programm in Großbritannien, dem Sure-Start-Programm, zeigte sich darüber hinaus, dass die Beteiligung der Väter dann höher war, wenn von den Mitarbeitenden eine frühe und grundsätzliche Entscheidung getroffen wurde, Väter in die Arbeit im Sure Start Children's Center einzubinden (Lloyd et al. 2003).

In einer Umfrage im Rahmen des Projekts „Väter an den Start" in der Stadt und im Landkreis Osnabrück zu Bedürfnissen von Vätern nach der Geburt des ersten Kindes äußerten junge Väter an erster Stelle den Wunsch nach Informationsvermittlung, gefolgt von der Möglichkeit, andere Väter kennenzulernen und sich mit ihnen auszutauschen, sowie dem Angebot praktischer Übungen, z. B. zum Umgang mit dem Baby. Als thematisches Angebot, das sich ausschließlich an Väter richten sollte, wurde „Rolle als Vater" genannt (Niedersächsisches Institut für frühkindliche Bildung und Entwicklung 2012).

Die Folgerungen aus diesen Evaluationen und Umfragen bestätigen weitgehend die o. g. Anforderungen. Fasst man alle aufgeführten Befunde zur Beteiligung von Vätern an Angeboten zusammen und soll die Schwelle weiter gesenkt werden, so lassen sie sich in folgende Empfehlungen verdichten:

– Niemals den Eindruck erwecken, dass es in der Einrichtung um Probleme gehen könnte.
– Stattdessen den Aspekt „Vatersein macht Spaß" in den Vordergrund stellen.
– Jegliche Assoziation mit Problemgruppen vermeiden.
– Über Spiel-, Spaß- oder Kulturveranstaltungen sichtbar machen, worum es geht.
– Gegebenenfalls über ein Fest für Familien die gesamte Familie ansprechen und damit vermitteln, dass es ganz normal ist, dabei zu sein (Schäfer/Schulte 2016).

Bei allen Überlegungen zu Angeboten für Väter ist die Haltung der Fachkräfte zu Vätern und zur Arbeit mit Vätern von entscheidender Bedeutung. Professionelle können allenfalls Gelegenheiten schaffen, die Väter ergreifen können. Ob und wie sie das tun, entscheiden sie selbst.

# 3 Väter von Kindern mit Behinderung

Väter von Kindern mit Behinderung erleben sich als Väter, die für ihre Kinder und ihre Familie da sein und Zeit mit ihren Kindern verbringen möchten. Darin decken sich ihre Rolle und ihre Aufgaben mit den oben beschriebenen Vorstellungen. Doch Väter von Kindern mit Behinderung befinden sich zusätzlich in einer besonderen Situation, die sich nicht nur im Alltag, sondern auch in ihrer Lebensperspektive niederschlägt. Ihre Lebensplanung wurde ggf. erst einmal erschüttert, sie können sich durch die Behinderung des Kindes stigmatisiert fühlen und spezifische Betreuungs- und Pflegeaufgaben können sie vor größere An- und Herausforderungen stellen.

## 3.1 Der Schock trifft auch die Väter

Die Geburt eines Kindes verändert das Zusammenleben in jeder Partnerschaft. Sie ist immer auch mit einer Verunsicherung und Neuorientierung der Familie verbunden und erfordert Anpassungsprozesse von den Eltern sowie von den Geschwistern. Werdende Eltern – Mütter wie Väter – sind erfüllt mit Hoffnungen und Plänen für ihr Baby, verbunden mit Träumen und genauen Bildern über das Zusammenleben als Familie. In dem Moment jedoch, in dem die Eltern die Nachricht von der Behinderung ihres Kindes bekommen, kann sich aus der Verunsicherung eine schwere Krise entwickeln, die mit einem Gefühlschaos von Wut, Enttäuschung, Hilflosigkeit, Abwehr und Schuldgefühlen und letztlich dem Empfinden persönlichen Versagens einhergeht (Götz 1997).

> Es ist einfach, man wünscht sich irgendwas, jeder wünscht sich irgendein Superkind, das irgendwelche was weiß denn ich, und es ist wahnsinnig schwer, das Kind einfach so anzunehmen, wie's ist. Das ist mein Kind, und der hat irgendeine Behinderung oder der hat das oder das. Das ist wahnsinnig schwer, auch in der Gesellschaft. (Vater K)

An der Aussage des Vaters zeigt sich die gesamte Gemengelage der Auseinandersetzung. Es ist nicht allein die Diagnose über die Behinderung, die neue Anforderungen mit sich bringt und die gesamte Lebensplanung auf den Kopf stellt. Es ist nicht nur der Abschied vom Wunschkind mit allen Fragen von Enttäuschung und Schuld. Es ist auch die Wahrnehmung und der Stellenwert von Behinderung in einer Gesellschaft, die sich stark über Leistung definiert, zu der Menschen mit Behinderung nicht in dem geforderten Maße beitragen können und demzufolge auch ihre Eltern nicht. Die Information über die Behinderung des Kindes ist dementsprechend für viele Eltern ein Schock.

Auch in unserer Untersuchung war für die meisten befragten Väter die Mitteilung der Diagnose ein Schock. In der Regel erfuhren sie erst nach der Geburt ihres Kindes, dass es von einer Behinderung betroffen ist (Behringer et al. 2014).

https://doi.org/10.1515/9783110669152-003

> Jetzt für mich persönlich? Also für mich war's – das war bei der Entbindung, da haben die schon gesagt, Verdacht besteht. Und dann war's so ein Schock, der hat so fünf Minuten gedauert, würde ich mal sagen. Es war nicht damit zu rechnen. (Vater E)

In vielen Gesprächen berichten die Väter jedoch auch, dass sie nach einer kurzen Phase der Lähmung schnell umschalten konnten und wieder funktionierten. Besonders bei schweren Behinderungen oder Beeinträchtigungen bei extrem früh geborenen Kindern steht für die Väter die Frage im Vordergrund, wie eine sinnvolle und wirkungsvolle medizinische Unterstützung des Kindes schnell und konkret realisiert werden kann. Einen zentralen Stellenwert hat dabei die medizinische Notfallversorgung, die sich z. T. auch auf die Mütter bezieht, falls sie ebenfalls in einem lebensbedrohlichen Zustand sind. In solchen Situationen geht es v. a. darum, anzupacken und mitzuhelfen, zum Nachdenken über die veränderte Situation mit einem Kind mit Behinderung bleibt zunächst keine Zeit.

> Ja, dann ging's (lacht) – ja, recht schnell ging's los. Das war in K., und dann ging eigentlich der Transport nach A. Und dann ging's weiter. Die ersten drei, vier Wochen immer wieder was Neues [...] Ja, ganz schön viel auf einmal. Das weiß man erst viel später irgendwann mal, wenn man reflektiert und man sieht, was da auf einmal da gewesen ist. In der Situation ging's bloß darum: Irgendwie muss es ja funktionieren, aber so, meine Frau drüben in A. im Klinikum, mein Sohn hier in der Klinik. Irgendwie war das alles ein bisschen Hin- und Hergerenne. (Vater D)

Auch wenn die Beeinträchtigung des Kindes nicht lebensbedrohlich ist und die Eltern in den ersten Wochen und Monaten nicht um das Überleben des Kindes bangen müssen, berichten Väter von schockierenden Erfahrungen, da ein Kind mit Behinderung in ihrer Lebensplanung nicht vorgekommen ist.

> Ja, am ersten Tag nach der Geburt. Und das war dann schon ein Schock, und ja, mit dem haben wir halt nicht gerechnet, und ich hab's aus meiner Kindheit auch gekannt, ich hab einen Jungen gekannt, der hat auch Down-Syndrom gehabt. Und die Situationen sind mir dann alle so ein bisschen durch den Kopf geschossen, und ich hab' mir dann aber auch relativ schnell gesagt, akzeptier es oder zerbrich dran. (Vater B)

In diesen Konstellationen steht weniger eine konkrete Gefährdung des Kindes im Fokus als vielmehr die Frage, wie die Alltagsbewältigung für das Kind und mit dem Kind gelingen kann. In den Vordergrund des Erlebens treten hier auch Fragen, die sich auf die Bewältigung künftiger Betreuungs- und Entwicklungsaufgaben beziehen. Väter gehen in ihrer ersten Reaktion oft sehr pragmatisch mit der neuen unerwarteten Situation um. Wenn sich der Alltag etwas beruhigt hat, setzt jedoch meist ein Prozess der Auseinandersetzung ein. Auch die Väter müssen sich nun von ihren Träumen, ihrem idealisierten Kind verabschieden, dessen Fähigkeiten und Entwicklungsmöglichkeiten relativieren und ihre Elternrolle sowie ihr Lebenskonzept mit Kind und Berufstätigkeit beider Elternteile neu überdenken (Kallenbach 2002).

Es war natürlich schon nicht leicht zu verarbeiten, kann man sagen, weil man ja da doch irgendwelche Wünsche (hat, L. B.), die man so in sein Kind setzt. Und wie das dann feststand oder wie
die Entwicklung halt war, hab' ich das einfach so akzeptiert: Er ist halt so, wie er ist. Ich kann's
nicht ändern. Also im Prinzip eigentlich so, wie wenn sich jemand jetzt, sagen wir mal, bei einem
Unfall verletzt, vielleicht mit bleibenden Schäden, und dann muss man halt von dieser Situation
ausgehen und sich überlegen, wie man dann die Zukunft gestaltet. Also so ungefähr lief das bei
mir. Ich kann eigentlich nicht sagen, dass da eine Schockstarre da war, wo ich jetzt nicht wuss-
te, was man tun soll, sondern es ging dann eigentlich eher so weiter, ja: Welche Möglichkeiten
gibt's denn? Und dann sind wir auf die Lebenshilfe gekommen und so weiter und so fort und
irgendwelche Selbsthilfegruppen. (Vater H)

Die Anpassung an die veränderte Situation und die Auseinandersetzung mit der Tat-
sache, anstatt des phantasierten Wunschkindes nun ein Kind mit Behinderung zu haben, ist abhängig von unterschiedlichen Faktoren wie z. B.
- dem Schweregrad der Behinderung,
- der spezifischen Einschätzung der Behinderung und der Prognose bzw. dem Verlauf,
- der Kumulation von Belastungen, aber auch einer Balance von Stressoren und
  Ressourcen,
- der Qualität der Partnerschaft bzw. des Familienzusammenhalts,
- generationenübergreifenden Erfahrungen im Umgang mit Krankheit und Behinderung,
- behinderungs- oder krankheitsbezogenen Glaubenssystemen in der Familie
- der sozialen Unterstützung,
- dem Grad der gesellschaftlichen Stigmatisierung (Rolland 1994; v. Kardorff/
  Ohlbrecht 2014; Bayerisches Staatsministerium für Arbeit und Soziales, Familie
  und Integration 2017).

Die Anpassung an die veränderte Situation benötigt aber auch Zeit. Die Väter berichten, dass es gerade in den ersten Wochen z. T. um das Überleben der Kinder sowie
um das eigene Funktionieren ging, erst danach kamen Überlegungen und Fragen zur
Entwicklungsperspektive des Kindes und der familiären Lebensplanung. Im Laufe der
Jahre dann werden Alltagsbelastungen oft größer und Väter kommen mehr und mehr
an ihre Belastungsgrenze (Kapitel 3.4).
   Diese Erfahrungen der Väter lassen sich einordnen in ein Modell von Rolland
(1994), der in der Anpassung drei Phasen unterscheidet: die erste akute Anpassungsphase, in der sich die Familie kurzfristig reorganisieren und mit einer ungewissen Lebensperspektive umgehen muss, eine mittlere Anpassungsphase, in der die Belastung
durch Pflege, eine physische und psychische Erschöpfung sowie auch finanzielle Probleme im Vordergrund stehen sowie ggf. eine terminale Phase, in der die Eltern sich
von ihrem Kind verabschieden müssen (Retzlaff 2016).
   In der Dauer, der Intensität und im Umfang der Auseinandersetzung mit der Behinderung und Anpassung an die neue Situation unterscheiden sich Menschen, so-

wohl Väter untereinander als auch Mütter und Väter. Für Eltern kann das zu einer zusätzlichen Belastungsprobe werden, wenn Väter und Mütter unterschiedlich viel Zeit benötigen, sich mit der veränderten Situation, ihren Fragen und Zweifeln auseinanderzusetzen. Hinzu kommt, dass dieser Anpassungsprozess auch für beide Elternteile unterschiedlich weit gehen bzw. gelingen kann.

## 3.2 Die Alltags- und Lebenssituation von Familien mit behinderten Kindern

Die Geburt eines behinderten Kindes erschüttert zum einen die Lebensperspektive und wirkt sich zum anderen ganz gravierend auf den Alltag der Familien aus, der Eltern durch die Pflege- und Betreuungsaufgaben stark fordert. Dabei lassen sich drei große Arbeitslinien ausmachen:

– Alltagsarbeit, die alle pragmatischen Umstellungen bisheriger Familienroutinen betrifft und eine Neudefinition von Aufgaben innerhalb der Familie erfordert
– Behinderungsarbeit, die auf die Behinderung bezogene Aktivitäten wie Therapien, Fördermaßnahmen, Kontakte mit Fachkräften betrifft und sich auf die Neuverteilung innerfamiliärer Zuständigkeiten bezieht
– Biografiearbeit, in der gemeinsame Lebenspläne, Sinnhorizonte und individuelle biografische Entwürfe neu konstruiert werden müssen (nach Corbin/Strauss 2004 in v. Kardorff/Ohlbrecht 2014)

Wie sich an diesen drei Arbeitslinien ablesen lässt, sind Eltern im Alltag über das normale Maß von Elternschaft hinaus gefordert und haben häufig zusätzliche finanzielle Aufwendungen durch Therapien und Hilfsmittel. Entsprechend der Rollenerwartungen an Mütter und der Einkommensunterschiede zwischen Frauen und Männern ergibt es sich meist zwangsläufig, dass die Frauen in der Regel ihre Berufstätigkeit für längere Zeit zurückstellen und bei ihrem Kind bleiben. Oder sie reduzieren den Umfang ihrer Erwerbstätigkeit in einem Maße, die zum einen zu einer Verschärfung der finanziellen Belastungen beiträgt und zum anderen zu einer fraglosen Übernahme der traditionellen geschlechtsspezifischen Rollenverteilung (Engelbert 1999).

> [...] und als er dann da war, war halt der Schock groß, weil es halt nicht das Wunschkind war. Und für mich war das nicht so das zentrale Thema, ich hatte halt meine Arbeit irgendwie. Und so ist es dann auch eigentlich geblieben. Meine Frau ist daheim geblieben, hat eigentlich ziemlich anfangs das Kind gehabt, und ich bin auf die Arbeit weiter. (Vater E)

Mit der traditionellen Rollenaufteilung werden in der Regel die Mütter in der Folge auch die Hauptbezugspersonen und Expertinnen für die Versorgung und Betreuung der behinderten Kinder. Dies liegt zu einem guten Teil auch daran, dass sie über mehr Zeit für die Betreuung der Kinder und die Inanspruchnahme von Sprech- und Therapiestunden verfügen (Behringer et al. 2014).

In einer Untersuchung des Kindernetzwerks zur Lebens- und Versorgungssituation von Familien mit chronisch kranken und behinderten Kindern in Deutschland (überwiegend Familien mit mittlerem und höherem Bildungsabschluss, Kinder überwiegend von 0–18 Jahre, im Durchschnitt zehn Jahre) bestätigt sich dieser Befund. 80 % der Mütter und nur 3 % der Väter gaben an, dass sie sich als Hauptbezugsperson für das Kind verstehen. Aber immerhin 17 % der Eltern gaben an, dass sie beide die Hauptbezugsperson für das Kind seien. Das sind sie anscheinend auch dann, wenn die Väter in Vollzeit berufstätig sind, was auf 87 % der Väter zutraf. Während in einer Vergleichsgruppe von berufstätigen Eltern mit Kindern ohne Behinderung 84 % der Mütter in Vollzeit, Teilzeit oder geringfügig beschäftigt waren, traf dies bei Müttern von Kindern mit Behinderung oder chronischer Erkrankung nur auf 66 % zu. Bei den Vätern war die Erwerbsquote dagegen in beiden Gruppen nahezu gleich hoch. Aber nicht nur im Vergleich zu anderen Familien kann man eine Bewegung zu traditionellen Zuständigkeiten ablesen, sondern auch wenn man Mütter und Väter miteinander vergleicht. Acht von zehn Müttern eines Kindes mit Behinderung oder chronischer Erkrankung haben nach der Geburt ihres Kindes ihre Arbeitszeit reduziert oder ganz aufgegeben, bei den Vätern trifft dies nur auf jeden dritten zu, wie Tabelle 3.1 zeigt (Kofahl/Lüdecke 2014).

Nimmt man die Zahlen aus der Untersuchung von Doege (2017) zu Eltern von Kindern mit geistiger Behinderung mit in den Blick, bestätigt sich der Befund, dass sich in der Erwerbsbeteiligung der Väter keine großen Unterschiede zeigen. Auffallend ist jedoch, dass sich deutliche Unterschiede bei den Müttern ergeben, wenn man die Stichproben vergleicht, die bei Kofahl/Lüdecke (2014) auch Kinder mit chronischen Erkrankungen umfassen. Die Behinderung eines Kindes scheint die Mütter in ihrer Entscheidung, zu Hause bei ihrem Kind zu bleiben, stärker zu beeinflussen als eine chronische Erkrankung. Doch gleichwohl lässt sich an den Zahlen ablesen, dass die Hälfte bis zwei Drittel der Mütter erwerbstätig sind, dagegen nur wenig Väter ihre Arbeitszeit reduzieren. Christiane Müller-Zureck (2010) verweist darauf, dass die Pluralisierung familialer Lebensformen auch vor Familien mit behinderten Kindern nicht Halt macht:

> Die allein erziehende Mutter mit behindertem Kind ist inzwischen gesellschaftliche Normalität. Ich kenne den allein erziehenden Vater, die Variante der Wochenend-Familie, die Pflegefamilie, die nichteheliche Partnerschaft ebenso die Patchwork-Familie mit deinen Kindern, meinen Kindern, unseren Kindern. Auch behinderte Kinder wachsen heute in Wohngemeinschaften auf. Auf die besondere Problematik von Immigranten- und Unterschichtfamilien kann ich in diesem Zusammenhang nicht eingehen. Die Herausforderung, ein behindertes Kind zu erziehen, stellt alle Familien vor besondere Aufgaben. Schon im klassischen Familienmodell wie bei mir ist die Organisation des Familienlebens ein hoher logistischer Abstimmungsaufwand. Wie viel schwieriger erst gestaltet sich der Alltag bei zumindest zeitweise Alleinerziehenden? Es handelt sich hier nicht nur darum, dass weitere Probleme hinzukommen, sondern dass sich diese wechselseitig verstärken. In der Regel müssen die Interessen aller beteiligten Parteien austariert werden. (Müller-Zureck 2010, o. S.)

**Tab. 3.1:** Erwerbsbeteiligung und Arbeitsumfang von Eltern nach der Geburt eines Kindes mit Behinderung oder chronischer Erkrankung nach Kofahl/Lüdecke (2014) und Doege (2017) (Quelle: Eigene Darstellung).

| Erwerbsbeteiligung Väter und Mütter | | Kind Behinderung (Doege 2017) | Kind Behinderung (Kofahl/ Lüdecke 2014) | Kind keine Behinderung (Kofahl/ Lüdecke 2014) |
|---|---|---|---|---|
| Väter | erwerbstätig | 90 %, davon 84 % VZ 6 % TZ | 93 %, davon 87 % VZ 6 % TZ | 95 % |
| | nicht berufstätig | | 7 % | 5 % |
| | Arbeitsumfang nach Geburt des Kindes reduziert | | 22 % | 12 % |
| | Arbeit beendet | | 9 % | 2 % |
| | Arbeitsumfang nach Geburt des Kindes erhöht | | 7 % | 16 % |
| Mütter | erwerbstätig | 51 %, davon 12 % VZ 39 % TZ | 66 %, davon 12 % VZ 54 % TZ | 84 % |
| | nicht berufstätig | 47 % | 34 % | 16 % |
| | Arbeitsumfang nach Geburt des Kindes reduziert | | 51 % | 62 % |
| | Arbeit beendet | | 30 % | 14 % |
| | Arbeitsumfang nach Geburt des Kindes erhöht | | 6 % | 7 % |

Die Interessen aller beteiligten Parteien sind bislang zu wenig austariert. Durch die tatsächliche oder angenommene typische familiale Arbeitsteilung werden die Mütter zu den primären Ansprechpartnerinnen der sozialen Einrichtungen. Väter geraten dadurch gleichsam aus dem Blick. Die Möglichkeit, selbstverständlichen Kontakt zu den Vätern zu halten, geht verloren. Ein genauerer Blick auf den Alltag der Familien verweist jedoch auf ein Engagement der Väter, das auch in den Einrichtungen wahrgenommen und berücksichtigt werden sollte.

## 3.3 Rolle und Aufgaben der Väter

Die Rolle und Aufgaben vom Vater eines Kindes mit Behinderung können nicht unabhängig vom familiären Kontext betrachtet werden. Ein Kind mit Behinderung stellt Mütter und Väter vor besondere Herausforderungen, die ihre Vorstellungen bezüglich ihrer Elternrolle sowie der Aufteilung der Zuständigkeiten infrage stellen können. Nach wie vor übernehmen in aller Regel die Mütter die elterlichen Fürsorgeaufgaben in Familien mit einem behinderten Kind, Väter sind aber heutzutage sichtbarer und aktiver (Hinze 2007).

Die Qualität väterlichen Engagements ist jedoch häufig von äußeren Umständen abhängig. Lieselotte Ahnert (2016) fand in ihren Untersuchungen, dass sich Väter eines frühgeborenen Kindes oft äußerst zurückhaltend in der Pflege des Kindes verhielten. Mütter könnten das ihrer Ansicht nach nicht, sie fühlen sich meist bedingungslos für die mit der Behinderung des Kindes verbundenen Verpflichtungen verantwortlich und übernehmen entsprechend gesellschaftlicher Rollenerwartungen den Hauptteil der elterlichen Fürsorgeaufgaben. Das kann dazu führen, dass sich traditionelle Rollen festigen und Väter sich aus der Versorgung des Kindes heraushalten und/oder von ihren Frauen herausgehalten werden. Das aber muss nicht zwangsläufig heißen, dass Väter sich ganz in ihre Rolle als „Familienernährer" zurückziehen, sondern i. S. traditionell-fürsorglicher Vaterschaft (Kapitel 2.4) zur Bewältigung des familiären Alltags beitragen. Während die Mütter mit zusätzlicher Alltagsarbeit belastet sind, übernehmen Väter eher den Schriftverkehr mit Versicherungen und Behörden (Raila 2014) oder das väterliche Engagement bezieht sich „auf außerfamiliale Angelegenheiten und auf handwerkliche Aktivitäten zur Erleichterung des Familienalltags [...]" (Seifert 2003: 45).

In vielen Familien engagieren sich Väter jedoch trotz dieser Aufteilung der Zuständigkeiten i. S. einer partnerschaftlich-fürsorglichen Vaterschaft auch im familialen Alltag. Sie helfen in ihrer knappen Freizeit ihrer Frau bei der Versorgung, Pflege und Betreuung ihres behinderten Kindes. Zur Entlastung ihrer Partnerinnen lassen sie sich stärker in familiale Verpflichtungen einbeziehen und beteiligen sich an der häuslichen Pflege und Betreuung des Kindes ebenso wie an den fachlichen Förder- und Behandlungsmaßnahmen (Kallenbach 2002; Hinze 1993).

Auch wenn ein Kind mit Behinderung in der Familie ist, reduzieren noch vergleichsweise wenig Väter ihre Arbeitszeit oder gehen mit ihren Partnerinnen eine egalitäre Arbeitsteilung ein (Kofahl/Lüdecke 2014). Die Erwerbsbeteiligung der Mütter ist in der Kindernetzwerk-Studie zwar deutlich geringer als bei anderen Müttern, dennoch lässt sich auch hier ablesen, dass sich vor allem bei jüngeren Familien die Rollenverteilung gewandelt hat. Frauen versuchen mehr den eigenen Interessen nachzugehen und auch dann in den Beruf zurückzukehren, wenn das Kind eine Behinderung hat. Das gelingt ihnen, wenn sie über ein sehr gutes Betreuungsnetz verfügen oder eher noch, wenn die Väter in der Familie stärker präsent sind und sich auch als Hauptbezugsperson verstehen (Seifert 2014). Auch das spricht dafür, Väter durch gezielte Maßnahmen anzusprechen und zu gewinnen.

Hinze (1993) greift in seiner Unterscheidung von traditionalen Vätern und sog. neuen Vätern die o. g. Modelle auf und erweitert sie um eine emotionale Dimension. Traditionale Väter sind stark in ihren Beruf eingebunden, haben weniger pflegerischen Kontakt mit ihrem Kind und damit verbunden häufig weniger emotionale Bindung. Sie verdrängen ihre Gefühle und vermeiden es, Kontakt zu Fachleuten, Verwandten oder Freunden aufzunehmen. Dadurch erfahren sie weniger emotionale und soziale Unterstützung. Es fällt ihnen schwerer, die Behinderung zu bejahen. Sie erleben das behinderte Kind als eine Kränkung für ihr Selbstwertgefühl und ihre Rolle als Mann (Hinze 1993: 141).

Als neue Väter werden dagegen partnerschaftlich-fürsorgliche Väter bezeichnet, die abends Pflegemaßnahmen übernehmen und eine engere Bindung zu ihrem Kind entwickeln und insgesamt eine optimistischere, häufig auch ganzheitlichere Sicht auf ihr Kind haben. Auch sie sind tagsüber eher abwesend und dadurch weniger in die Förderung eingebunden und können vielleicht gerade deshalb insgesamt eine optimistischere, häufig auch ganzheitlichere Sicht auf ihr Kind haben bzw. sich einen „normaleren" Blick bewahren als ihre Frauen (Kallenbach 1997: 67). Die Erfahrungen mit ihrem Kind tragen auch zu einer Veränderung ihrer Werthaltungen bei (Hinze 1993: 142).

Neben vielen Sorgen und Mühen bringen Kinder mit Behinderung laut Retzlaff (2016) „ein besonderes Potenzial für Veränderung mit sich" (S. 193), das sich sowohl auf die Väter selbst als auch auf die gesamte Familiensituation auswirkt. Die stärkere Übernahme von Betreuungs- und Pflegeaufgaben trägt zu einer Verbesserung der Beziehung und Bindung zu ihrem behinderten Kind sowie zu ihrer Partnerin bei. Und schließlich profitiert auch das behinderte Kind in seiner Entwicklung davon.

Durch eine intensivere Interaktion von Anfang an gelingt es den Vätern, sich einfühlsamer in ihr Kind hineinzuversetzen und durch die Reaktion des Kindes erleben sie sich bedeutsam für ihr Kind (Kallenbach 2002).

> Zusätzlich zu ihrem Betreuungsaufwand investieren sie noch einmal sehr viel Zeit in die Spiel- und Freizeitaktivitäten mit ihrem behinderten Kind, für das sie offensichtlich zu den attraktivsten Spielpartnern gehören. In der Rolle des anregenden und interessierten Spielkameraden bauen die Väter auch eine enge emotionale Beziehung zu ihrem behinderten Kind auf. Dabei stellen vor allem Schmusen und Körperkontakt ein entscheidendes Maß für die Qualität des väterlichen Zuwendungsverhaltens dar [...] Das Spiel der Väter ist oft anregend und einfallsreich und physisch mit viel Körperkontakt verbunden. Es ist lebhaft und spaßig und ermuntert das behinderte Kind durch Faxen zum Lachen. Im Spiel kommen die Väter auch emotional ihrem Kind näher, wenn sie versuchen, es aufzuheitern, es loben anstatt schimpfen, sich mit ihm freuen, es trösten und in den Arm nehmen und zärtlich zu ihm sind. (Kallenbach 2002, o. S.)

Eine feinfühlige Vater-Kind-Beziehung, in der ein Kind die Erfahrung machen kann, dass der Vater verfügbar ist, mit ihm lacht und albert, es anregt und auch tröstet und in den Arm nimmt, hat positive Auswirkungen auf die kindliche Entwicklung. Und das nicht nur, weil es die Wahrscheinlichkeit einer sicheren Bindung zum Vater erhöht, die eine protektive Wirkung für die weitere Entwicklung hat, sondern auch durch die unterschiedlichen Interaktionserfahrungen, die ein Kind mit seinen Eltern machen kann (Kapitel 2.4; 2.5).

Wie in allen Familien empfinden Väter von Kindern mit Behinderung ihr Leben durch ihr Kind bereichert, intensiver und erfüllter. Sie haben das Gefühl, gebraucht zu werden, worin sie selbst einen wesentlichen Faktor zur Stabilisierung der gesamten Familiensituation sehen (Kallenbach 2002). Dies ist in einer dermaßen von Leistung und Leistungsdenken durchdrungenen Gesellschaft, indem sich der Wert eines Menschen in erster Linie an seiner Produktivkraft bemisst, oftmals ein schwieriger schmerzhafter Prozess. Ein Vater, der erzählt, dass er sich nach der Geburt seines schwerbehinderten Sohnes hoffte, dass der sterben werde, sagt: „Wir haben einen anderen Einblick ins Leben bekommen, auch was Behinderungen angeht." Sein 9-jähriger Sohn habe ihn gelehrt, „dass es um Vertrauen geht und dass es Abhängigkeiten zwischenmenschlicher Art geben muss und soll." (Staubli 2016: 14)

Auch in unseren Interviews wurde erkennbar, dass sich die Väter ihrer Verantwortung bewusst sind und auch ihren Beitrag zur Bewältigung der Herausforderungen leisten. Das zeigt sich in der konkreten Übernahme von Aufgaben, etwa bei der Betreuung der Kinder in der Freizeit und am Wochenende oder bei der Hausarbeit. Gesprochen haben Väter aber auch über ihr Selbstverständnis bei der Unterstützung der Familie und vor allem ihrer Partnerinnen. Als charakteristisch kann dabei die folgende Aussage eines Vaters gelten:

> Ich hab' immer so die Rolle, dass ich da eigentlich für meine Frau da sein sollte (lacht) und nicht andersrum […] irgendwie so was, der alles auffängt. (Vater D)

Wichtig ist diesem Vater, dass er für seine Frau da ist, weniger sie für ihn. Er hat den Anspruch, alles aufzufangen, in keiner Situation ratlos zu sein und immer eine Lösung zu finden. Dieser Anspruch klingt absolut und enthält keine Optionen für Schwächen oder Hilfen, die in Anspruch genommen werden können.

Die besonderen Herausforderungen, die auf die Eltern mit einem behinderten Kind zukommen, können, wenn sie partnerschaftlich bewältigt werden, die Partnerbeziehung festigen. Eine gemeinsame Bewältigung der alltäglichen Anforderungen und eine gemeinsame Gestaltung der Freizeitaktivitäten wirken partnerschaftsstärkend (Doege 2017). Doch „die Zeit für gemeinsame Unternehmungen, für das Pflegen oder Entwickeln gemeinsamer Interessen, für Nähe und Zärtlichkeit ist knapp" (Seifert 2003: 48). Es besteht deshalb auch die Gefahr, dass sie die Partnerbeziehung gefährden, wenn sich Väter angesichts der zwangsläufig engen Bindung zwischen Mutter und Kind an den Rand gedrängt fühlen und in ihrer Rolle als Vater und als Partner zu wenig zum Zuge kommen. Wenn die vormals starke emotionale und kommunikative Verbundenheit gestört ist, können gravierende Probleme entstehen, da die Partner nicht mehr in der Lage sind, gemeinsam und miteinander über die eigenen Bedürfnisse und Befindlichkeiten zu sprechen. Eine Trennung erscheint dann

manchmal als der einzige Ausweg (Seifert 2003). In Gesprächen mit Vätern behinderter Kinder betonte ein Vater, „[…] dass es für Väter in Familien mit behinderten
Kindern nur zwei Möglichkeiten gäbe: Entweder sie lassen sich stärker auf ihre Kinder ein und übernehmen Versorgungs- und Pflegeaufgaben oder sie verlassen die
Familie." (Behringer 2001: 165)

Gleichwohl ist die Scheidungsrate in Familien mit einem Kind mit Behinderung
nach den meisten Untersuchungen nicht bzw. nur geringfügig erhöht und wenn sich
Eltern scheiden lassen, dann häufig, wenn sie vorher schon Probleme in ihrer Beziehung hatten (Retzlaff 2010).

## 3.4 Belastungen und Bewältigung

In der Auseinandersetzung mit der Situation von Familien mit Kindern mit Behinderung wurden Belastungen und Herausforderungen sowie deren Bewältigung bislang
am intensivsten erforscht. Einen guten Überblick dazu gibt Eckert (2014). Die Befund-
lage zum Stresserleben von Vätern ist dabei sehr heterogen und sie ist eng verwoben
mit dem Stresserleben der Mütter, weshalb es sich auch hier empfiehlt, zunächst einen Blick auf die Familie zu werfen. Die Eltern schätzen sich insgesamt stärker belastet ein als andere Eltern. Dabei weist ihr Stresserleben eine Korrelation auf, d. h.
abhängig von der Qualität der Partnerschaft ist das Stresserleben beider Elternteile
gleichermaßen höher oder niedriger. Das konkrete Verhalten des Vaters, ob und wie
er seine Partnerin unterstützt sowie eine positive Annahme und Wertschätzung des
Kindes wirken sich ebenso wesentlich auf das Belastungserleben und das Familien-
klima aus (Retzlaff 2010).

Die erlebte Belastung bzw. das Stresserleben hängt eng zusammen mit der Anpassung an die Situation, Eltern eines behinderten Kindes zu sein, das ganz spezifische Bedürfnisse und Einschränkungen hat und ggf. nie in der Lage sein wird, ein
eigenständiges Leben führen zu können. Das umfasst die Neuorganisation familiärer Lebensplanung und eine Neustrukturierung des familiären Alltags in der ersten
Phase sowie die Betreuung und Pflege des Kindes im weiteren Verlauf (Kapitel 3.1).
Eine adäquate Förderung des Kindes geht oft einher mit vermehrter körperlicher
Anstrengung, wirkt sich nicht nur physisch aus, sondern schränkt die für andere
Aktivitäten verfügbare Zeit merklich ein. Der körperliche Zustand eines Kindes mit
Behinderung führt zudem häufig dazu, dass nichts mehr langfristig geplant werden
kann (Eckert 2002). Die Hauptbelastungen der Familien betreffen laut der Kindernetzwerk-Studie jedoch weniger die Bewältigung von Krankheit und Behinderung
innerhalb der Familie als vielmehr die wirtschaftliche und soziale Situation. Die mit
den alltäglichen Pflegeanforderungen verbundene Reduzierung von Zeit für gemeinsame Aktivitäten sowie für Freunde und Nachbarn erleben Eltern als sehr belastend.
Sie fühlen sich mit ihren Problemen weitgehend allein gelassen und erfahren wenig Verständnis aus ihrem sozialen Umfeld für ihre Situation, ihre Anspannung und

Übermüdung (Kofahl/Lüdecke 2014). Laut Raila (2014) stellt die Erfahrung der Ausgrenzung und Diskriminierung der gesamten Familie sogar die stärkste Belastung für die Eltern dar.

Die genannten Belastungen verstärken sich im Laufe der Jahre häufig noch, wenn Kinder größer und schwerer werden und sich die Pflegeanforderungen dadurch erhöhen oder wenn Kinder aus dem Freundeskreis sich weiter entwickeln, zunehmend autonomer werden und den Eltern die Behinderung dadurch erst richtig bewusst wird. Hinzu kommt die Schulsituation der Kinder, die für viele Eltern bislang nicht gut gelöst ist. Mit die höchste Belastung stellt auch für Väter der Ablösungsprozess vom Kind und die Auswahl einer Betreuungseinrichtung dar, denn hier erleben sie oft die größte Diskrepanz zwischen gegebenen Betreuungsmöglichkeiten und dem, was sie sich für ihre Kinder wünschen würden.

Was bei den Eltern Stress auslöst, was sie als belastend erleben und wie sie darauf reagieren bzw. die Bewältigung ist wie auch der Prozess der Anpassung bei Müttern und Vätern unterschiedlich. Und das Belastungserleben kann sich auch bei Vätern auf mehreren bzw. unterschiedlichen Ebenen zeigen:

- auf *individueller Ebene* z. B. in psychischen Belastungen, Ängsten und Schuldgefühlen, auch gegenüber Geschwisterkindern
- auf *innerfamiliärer Ebene* durch stressbedingte Konflikte mit der Partnerin
- auf der *Ebene der Informationsbeschaffung*, die aufgrund der Änderungen gesetzliche Regelungen und des Bedarfs der Kinder und Familie oftmals auf Dauer gestellt sind
- auf der *Ebene des Alltags* in vermehrten Arztbesuchen, Therapien sowie krankheitsbedingten Ausfällen in der Erwerbsarbeit wegen des Kindes, die ca. dreieinhalb mal häufiger sind als bei Vätern nichtbehinderter Kinder
- auf der *Ebene der sozialen Beziehungen* in eigenem sozialen Rückzug oder schwierigen Reaktionen bzw. Rückzug von Verwandten und Freunden und schließlich
- auf *finanzieller Ebene*, die verbunden ist mit einem hohen bürokratischen Aufwand durch die Komplexität des deutschen Sozialsystems (Krause 2008; Bundesforum Familie 2015; Kofahl/Lüdecke 2014)

Bei genauer Betrachtung der Ebenen lässt sich unschwer erkennen, dass das Ausmaß der Belastung auch vom kulturellen und Bildungshintergrund des Vaters bzw. der Familie abhängig ist. Die Therapie- und Arztbesuche sind auch mit Gesprächen verbunden, was erschwert wird, wenn ein Vater nicht deutsch oder nicht ausreichend deutsch spricht. Die finanzielle Belastung wirkt sich deutlich stärker bei niederem Einkommen aus und die Bedeutung eines Kindes mit Behinderung hängt auch vom kulturellen Hintergrund des Vaters bzw. der Familie ab.

### 3.4.1 Belastungserleben und Bewältigungsverhalten von Vätern

Das Belastungserleben der Väter ist subjektiv und die tatsächliche Belastung hängt mit der konkreten Form und Schwere der Behinderung sowie den Möglichkeiten der Teilhabe am gesellschaftlichen Leben zusammen. Darüber hinaus ist die Datenlage zur empfundenen Belastung bei Vätern und Müttern sehr heterogen. Während in einigen Untersuchungen eine geringere Stressbelastung bei Vätern zu finden ist, weisen andere Untersuchungen auf ähnlich starke Belastungen hin, v. a. dann, wenn Eltern gemeinsam befragt wurden (Retzlaff 2010). In anderen Untersuchungen finden sich höhere Stressbelastungen bei Vätern (Early Intervention Collaborative Study (EICS), in Krause 2008) oder sie zeigen Stressbelastungen differenzierter auf und weisen auf Zusammenhänge mit bestimmten Parametern hin. Demnach sind Väter z. B. stärker vom Ausmaß der Beeinträchtigungen beeinflusst und fühlen sich stärker durch Entwicklungsprobleme und erhöhten Förderaufwand belastet, obwohl die Mütter die Hauptlast der Versorgung und Pflege der Kinder tragen. Für sie scheint v. a. die starke Inanspruchnahme von Behörden- und Dienstleistungen belastend zu sein (Engelbert 1999).

Die Stressbelastung und/oder das Belastungserleben ist jedoch nicht konstant, sondern kann im Verlauf der Entwicklung eines Kindes variieren, wie sich in der Langzeitstudie EICS (in Krause 2008) zum Stresserleben der Eltern aufgrund der Eigenarten ihres behinderten Kindes auch zeigt. Danach nimmt der Stress im Verlauf der ersten zehn Jahre zu und ist bei Vätern durchgängig höher, z. T. sogar signifikant höher. Wenn das Kind zehn Jahre alt ist, zeigt fast die Hälfte der Väter einen Grad an Belastung, der Beratung aus professioneller Sicht erforderlich macht. Die zunehmende Erschöpfung der Väter zeigte sich auch in unseren Interviews:

> Aber wobei ich das schon langsam merke, ich bin jetzt auch langsam am Ende. Also dann, ja. Gott sei Dank laufen wenigstens die anderen Dinge so ganz normal, also mit dem Großen oder mit den normalen Alltagsdingen, dass da nicht noch große Probleme da sind. Weil sonst wäre es schon schwierig. (Vater D)

Wie Väter die Belastung wahrnehmen und wie sie damit umgehen, hängt sowohl von der Bewertung ihrer Situation als auch von ihren Bewältigungsstrategien und den verfügbaren Ressourcen ab. Dementsprechend unterscheiden sich nicht nur Väter untereinander im Umgang mit der Behinderung, sie gehen oftmals auch anders damit um bzw. verfügen über andere Bewältigungsstrategien als Mütter. Retzlaff (2016) schildert Väter am Beispiel der Diagnosemitteilung als weniger emotional in ihren Reaktionen und eher kognitiv orientiert in ihren Bewältigungsstrategien, ein Befund, der sich auch in unseren Interviews zeigte:

> Ja, gut – ja. Frag' ich mich, ja, warum hat's mich getroffen? Ja? Aber die zweite Frage ist: Kann ich mit dem leben oder nicht? Komm' ich mit dem zurande, das ist halt die Frage. Nicht: Warum hat's mich getroffen? Sondern es ist so und komm' ich mit dem zurande oder was? (Vater G)

Väter machen sich mehr Sorgen um die langfristigen Auswirkungen der Behinderung auf das Leben der Familie sowie den sozialen Status und die späteren Zukunftsaussichten ihrer Kinder. Dementsprechend suchen sie nach Informationen über die spezifische Behinderung und nach Behandlungsmöglichkeiten, z. B. im Internet, um darüber wieder Sicherheit und Handlungsfähigkeit zu erlangen (Retzlaff 2010).

Götz (1997) stellt fest, dass Väter einen hohen Handlungsdruck haben, der sich z. B. in der Suche nach Informationen und logischen Erklärungen zeigt oder in kämpferischen Auseinandersetzungen mit Behörden und Krankenkassen. Damit versuchen sie der Kränkung und dem drohenden Kontrollverlust entgegenzutreten. Väter suchen oft verbissener als Mütter nach Ursachen der Behinderung ihres Kindes. Diese Strategie kann als Versuch verstanden werden, sich mit der Behinderung ihres Kindes rational auseinanderzusetzen, ohne sie jedoch emotional zu verarbeiten und anzunehmen. Sie haben häufig einen stärkeren Wunsch nach Information und Beratung vonseiten der Kinderärzte, wünschen sich bessere medizinische Hilfe sowie gesellschaftliche Anerkennung (Engelbert 1999).

Seifert (2003; 2014) stellt die These auf, dass die mit der männlichen Sozialisation und Rolle verknüpfte Erwartung der Sachlichkeit und Selbstkontrolle dazu führt, dass Väter eher Gefühle verdrängen bzw. nicht nach außen tragen oder allenfalls mit ihren Frauen darüber sprechen. Tendenziell gehen sie problembezogenen Gesprächen eher aus dem Weg, im Gegensatz zu den Müttern suchen sie kaum von sich aus Kontakt zu Fachkräften, Verwandten, Freunden oder anderen betroffenen Eltern. Somit bekommen sie auch weniger emotionale Unterstützung bei der Auseinandersetzung mit der Behinderung. Zudem fällt es ihnen oftmals schwer, sich mit dem behinderten Kind in der Öffentlichkeit zu zeigen, da sie Behinderung als Gefährdung ihres Selbstbildes und ihrer männlichen Identität erleben. Ihr Selbstbild, ihre Identität orientiert sich vor allem an gesellschaftlichen Normen und Wertvorstellungen. „Die ‚Mängel' des behinderten Kindes bedrohen ihre gesellschaftliche Anerkennung, sie haben Angst vor Diskriminierung." (Seifert 2003: 47)

Auch ein Vater aus unserem Projekt, der sich schon lange in einer Selbsthilfegruppe für Väter von Kindern mit Behinderung engagiert, sieht diese Rolle des Mannes kritisch.

> Die traditionelle Mann-Rolle, die so was eigentlich nicht so vorsieht, und sich Männer, glaub' ich, schon oft in dieser traditionellen Rolle sehen [...] arbeiten gehen, Familie versorgen [...] Aber nicht drüber reden, was man an Emotionen, an Gefühlen hat, an Problemen hat. Also da glaub' ich schon, dass Männer anders gestrickt sind und das weniger gerne tun oder das vielleicht gar nicht so eingestehen, dass sie's gerne tun würden [...] Also eine rationellere Herangehensweise vielleicht. (Vater N)

In unseren Gesprächen mit den Vätern fanden wir wiederholt Hinweise auf entsprechende „typische" männliche Bewältigungsansprüche und Verhaltensweisen. Das

Eingeständnis, Probleme zu haben, die man(n) nicht bewältigen kann, gehört nicht zu dieser Haltung. Männer erwarten von sich eher Stärke und Problemlösungskompetenz. In diesen Situationen fehlt Männern vermutlich ein erfolgversprechendes und für sie legitimes Handlungsrepertoire (Behringer et al. 2014).

> Aber so, dass ich jetzt sagen könnte, dass ich da so eine weinende Schulter irgendwie brauch', das jetzt eigentlich weniger, weil ich hab' mich eigentlich damit arrangiert. Manchmal kommt so ein Gedanke, es wär' nicht schlecht, wenn du vielleicht einen Sohnemann hättest ohne Down-Syndrom, aber das ist eigentlich nicht so wichtig. (Vater B)

Die relativierende Sprache (dreimal „eigentlich" in dieser kurzen Passage) verweist darauf, dass dieser Vater durchaus noch Schwierigkeiten haben dürfte, seine eigene Belastung differenziert wahrzunehmen. Entsprechend schwierig ist es für ihn auch, differenzierte Unterstützungsoptionen zu realisieren. Es gelingt ihm auch nicht, seinen u. U. vorhandenen Wunsch richtig zu formulieren. Eigentlich ginge es nicht um eine „weinende Schulter", sondern um eine, an der er sich ausweinen könnte.

Als problematisch ist unseres Erachtens einzuschätzen, dass Väter sich kaum Bewältigungsoptionen zwischen einem „Fels in der Brandung" und einem persönlichen „Versagen durch Ausheulen" vorstellen können. Es fehlt ihnen eine konkrete Option, welche wirksame Hilfe sie in Anspruch nehmen könnten, ohne ihr Gesicht und ihre Autonomie zu verlieren (Behringer et al. 2014).

Mit dieser Haltung verschließen sich Väter zwar vor einer Auseinandersetzung mit der Behinderung ihres Kindes, tragen aber zur Stabilisierung des Familiensystems bei. Denn andererseits sehen Väter aufgrund ihrer rationalen Orientierung in der Diagnose einen klaren Sachverhalt, was dazu beiträgt, sich der veränderten Situation anzupassen und anzupacken. Mit ermutigenden Aussagen wie „wir kriegen das schon hin" oder „als Fels in der Brandung" (Vater D) geben sie ihren Frauen Rückhalt in der schwierigen und belastenden Situation. Fachkräfte nehmen dementsprechend die Funktion des Vaters im Wesentlichen wahr als die des „Stabilisators", auf den es ankommt, „ganz für seine Frau da zu sein, ihr Stütze zu geben, sie in dieser schwierigen Zeit verständnisvoll zu begleiten" (Fröhlich 2007: 102).

Auch die geringere Einbindung der Väter und die damit verbundene größere Distanz zum Kind kann eine Auseinandersetzung mit der Behinderung des Kindes erschweren, wenn Väter weniger mit deren alltäglichen Problemen vertraut sind und kein erzieherisches Kompetenzgefühl entwickeln. Sie kann aber auch einen pragmatischen Umgang erleichtern und zu einer psychischen Stabilisierung der Väter beitragen (Seifert 2003). Durch die außerfamiliären Kontakte und ihre tägliche berufsbedingte räumliche und innerliche Abwesenheit von der Familie und dem behinderten Kind schätzen sie ihre persönlichen Belastungen vielfach günstiger ein und stellen ihre Gesamtsituation sehr viel positiver dar als die Mütter. Auch wenn unter den Pflegeanforderungen Kontakte zu Freunden und Bekannten deutlich leiden, führen sie dennoch mehr Gespräche in denen nicht nur familiäre Problemfelder und Behinderung thematisiert werden. „Solche Gespräche haben [...] offenbar einen hohen Stellenwert zur Selbstfindung und Selbstverwirklichung und können auch die insgesamt positive Einschätzung ihrer persönlichen Zufriedenheit mit ihrem Leben insgesamt erklären." (Kallenbach 2002, o. S.)

### 3.4.2 Das Kohärenzgefühl als wichtige Variable in der Bewältigung

Für das Verständnis von Stress- bzw. Belastungserleben und Bewältigung greift Retzlaff (2010) auf das Kohärenzgefühl im Konzept der Salutogenese von Antonovsky (1997) zurück. Das Kohärenzgefühl kann verstanden werden als „globale Orientierung" und ein „dynamisches Vertrauen" einer Person, dass Anforderungen aus der Umwelt strukturiert, vorhersagbar und erklärbar sind, dass diese Anforderungen Herausforderungen sind, bei denen sich ein Engagement lohnt, und dass sie über die Ressourcen verfügt, um den Anforderungen auch gerecht zu werden (Antonovsky 1997). Es geht darum, über ein Grundgefühl und eine Wahrnehmungsweise der Welt zu verfügen, dass wir das, was um uns herum geschieht, ausreichend verstehen und auch beeinflussen können. Also nicht hilflos zu sein, sondern über innere und äußere Ressourcen zu verfügen, um Probleme meistern zu können. Zu diesen beiden Dimensionen der Verstehbarkeit und Handhabbarkeit kommt eine dritte und die wahrscheinlich bedeutendste hinzu, die Sinnhaftigkeit. Damit ist gemeint, sein Leben als emotional sinnvoll zu erachten und Belastungen als Herausforderungen zu begreifen, die in das eigene Leben eingeordnet werden können. Das Kohärenzgefühl wird im Verlauf des Lebens aufgebaut, es kann sich durch weitergehende Erfahrungen bestärken oder abschwächen und muss immer wieder in den konkreten Lebenserfahrungen, die ein Mensch macht, neu hergestellt werden. Es ist kein Bewältigungsstil, sondern beeinflusst die Wahrnehmung und Bewertung einer Situation als mehr oder weniger stressbehaftet. Menschen mit einem hohen Kohärenzgefühl nehmen schwierige Situationen als weniger stressbehaftet oder belastend wahr und vertrauen darauf, dass sie diese bewältigen können (Antonovsky 1997).

Das Kohärenzgefühl kann auf individueller Ebene, aber auch auf familiärer Ebene betrachtet werden. Da die Diagnose einer Behinderung die gesamte Familie betrifft, kann sie auch am besten im Familienkollektiv bewältigt werden. Retzlaff (2010: 121) definiert in Anlehnung an Antonovsky das Familien-Kohärenzgefühl als „eine kognitive Landkarte, eine Familien-Weltsicht", mit der die Familienmitglieder übereinstimmend die Interaktion, die Bewältigung des Alltags und sonstiger Anforderungen sowie die Passung mit der sozialen Umwelt als befriedigend erleben und ihrer Belastungssituation eine übereinstimmende Bedeutung beimessen.

In seiner Untersuchung zu Behinderung und Resilienz arbeitet Retzlaff auf der Grundlage narrativer Interviews heraus, dass Eltern mit hohen Familienkohärenzwerten ihre Balance als Familie relativ schnell wieder finden, wohingegen bei Familien mit niederen Kohärenzwerten der Prozess der Auseinandersetzung mit der Behinderung als „langer mühsamer Weg bergauf" beschrieben werden kann. Familien, die schnell wieder eine Balance finden, hatten auch vor der Geburt ihres Kindes ein positives Familienleben. Die Mitteilung der Behinderung ihres Kindes wird zwar auch von ihnen als hochdramatische, teilweise traumatische Zeit erlebt, sie empfinden die mit der Behinderung verbundenen Belastungen aber als „tragbar". Sie lassen sich nicht erschüttern, werden von sich aus aktiv, um Informationen, Hilfe und Unterstützung zu bekommen und nehmen diese auch an. Die Väter übernehmen Familien- und Pflegeaufgaben, beide Eltern können flexibel auf familiäre Erfordernisse eingehen und achten darauf, dass sie genügend Zeit für ihre Partnerschaft und ggf. Geschwisterkinder haben, damit sich das Leben nicht nur um die Behinderung dreht. Insgesamt sehen sie eine positive Auswirkung der Behinderung auf ihr Familienleben und die Entwicklung neuer bedeutsamer Werte (Retzlaff 2010).

In einer Studie mit Eltern hörgeschädigter Kinder konnte Hintermair (2003) die Bedeutung des Kohärenzgefühls für die Anpassung bzw. Verarbeitung der Behinderung des Kindes herausarbeiten. Er stellte einen Zusammenhang zwischen einem hohen Kohärenzgefühl und der aktiven Auseinandersetzung mit der veränderten Situation her. Eltern mit einem hohen Kohärenzgefühl suchten, trotz eines initialen Schockerlebens, relativ bald nach Lösungswegen, setzten sich sehr intensiv mit der Behinderung auseinander, suchten gezielt nach Informationen (auch von anderen betroffenen Familien), beschäftigten sich mit Erziehungsfragen und haben es geschafft, ihr Leben zu normalisieren. Das bezieht sich sowohl auf die Behinderung ihres Kindes als auch auf ihr eigenes Leben, das sie nicht völlig für die Förderung und Pflege ihres Kindes aufgegeben haben. Zudem setzten sie sich kritischer mit Fachkräften und Behörden auseinander (Hintermair 2003), ein Befund, der sich vor allem auch bei Eltern zeigt, die sich in Selbsthilfegruppen organisieren (Engelbert 1999).

Typisch für diese Familien ist, dass sie das behinderte Kind nicht als Lebensaufgabe sehen oder – wie ein Vater aus einer Selbsthilfegruppe betonte – dass die Behinderung der Kinder nicht Lebenszweck der Eltern sei, sondern sie selbst sowie die Geschwister als Personen mit all ihren Stärken und Schwächen genauso wichtig seien. Ein behindertes Kind in der Familie schließt nicht automatisch eine Berufstätigkeit der Mutter aus bzw. muss nicht mit noch höheren physischen und psychischen Kosten verbunden sein. Sie wirkt eher stressmindernd, da die Väter mehr Aufgaben in der Familie übernehmen und – zumindest was die Mütter betrifft – eher externe Dienstleistungen in Anspruch nehmen (Behringer 2001).

Auch in unseren Gesprächen mit Vätern fanden sich Aussagen, die in diese Richtung interpretiert werden könnten.

> Also es gibt da auch so – ich weiß jetzt bloß die Autorin nicht –, es gibt so eine Beschreibung: Nur der, der solche Belastungen verkraftet, der kriegt so ein Kind. Also ist da so grob beschrieben. Und das ist mir mal eine Zeitlang durch den Kopf gegangen, und ich hab' dann gemerkt, ja, man wird mit vielem fertig plötzlich, wo man sich erst gedacht hat, das könnt' ich gar nicht. Aber es ist ja auch nicht alles auf einmal gekommen, sondern es ist so nach und nach [...] Ich denk', wenn da eine Partnerschaft da ist, die einen da unterstützt, das ist, glaub' ich, schon auch ein wichtiger

Punkt. Wenn man ganz allein ist, dann hat man nie jemand, mit dem man drüber reden kann. Aber wenn eine Partnerschaft da ist, wo man doch das eine oder andere mal bereden kann, dann kann man damit auch besser umgehen auf Dauer und kann das auch annehmen […] Zum einen ist diese Funktionalität einfach sehr stark im Vordergrund. Also es muss funktionieren, damit der ganze Familienhaushalt und das alles passt. Aber die Beziehung wird, also so kommt's mir vor, oder ist intensiver geworden dadurch. Also man beredet nicht jeden Scheiß, sag' ich mal auf Bayerisch, aber die wichtigen Punkte, die werden beredet oder […] Da kann ich mich jetzt schlecht ausdrücken, was ich jetzt damit mein', also […] Man begrenzt sich oder beschränkt sich manchmal wirklich auf die wesentlichen Sachen: Das muss jetzt besprochen werden, dass man da weiterkommt oder dass man das Dings […] Aber für mich ist die Beziehung viel fester geworden dadurch. (Vater L)

Zusammenfassend lässt sich festhalten, dass sich Familienkohärenz als „Akzeptanz der vorgegebenen Realität" manifestiert. Väter schalten dabei, auch wenn die Mitteilung der Diagnose ein Schock für sie ist, schnell um und stellen sich den Herausforderungen. Kohärenz ist dabei weniger als ein Merkmal oder als personale Ressource der Väter zu verstehen als vielmehr ein Prozess, in dem sie gemeinsam mit ihren Partnerinnen Erfahrungen aktiv in einer Weise verarbeiten, die die Welt handhabbar, verstehbar und sinnhaft macht. „Familienkohärenz ist eine Herstellungsleistung, bei der die Eltern eine Wirklichkeit erzeugen, die das Leben leichter macht, positive Elemente betont, liebenswerte Seiten des Kindes hervorhebt und als Motto oder Leitmotiv formuliert lauten könnte: ,Das schaffen wir irgendwie schon! Wir bekommen das hin!'" (Retzlaff 2010: 175)

## 3.5 Unterstützung für Väter

Zur Situation von Familien mit behinderten Kindern liegen eine Reihe von Studien vor (z. B. Retzlaff 2010; Engelbert 1999; Eckert 2012; Heckmann 2004), in denen zunehmend auch die Perspektive der Väter erhoben wird. Werden in der Forschung die Belastung der Eltern oder die Hilfen für die Familie thematisiert, so beruhten die Ergebnisse häufig auf der Befragung von Müttern (Hinze 2007; Sarimski 2010). Auch Kooperation mit den Eltern bedeutet oft Kooperation mit den Müttern, die Väter werden kaum wahrgenommen, sie sind ja auch in der Praxis der Behindertenhilfe wenig präsent. Die Situation der Mütter wurde dagegen in der Fachdebatte genau analysiert, Verstehensmodelle wurden angeboten und psychosomatische Krankheiten und andere Auffälligkeiten als fast notwendige Konsequenz der Situation von Müttern beschrieben. Der Unterstützungsbedarf der Mütter wird in der Behindertenhilfe dementsprechend auch viel stärker wahrgenommen und entsprechende Hilfen werden angeboten. Doch obwohl schon in früheren Jahren auffiel, dass Väter ebenfalls hohen Belastungen ausgesetzt sind und z. B. die Krankheitsquote bei Vätern behinderter Kinder überdurchschnittlich hoch war, wurde daraus kein weiterer Schluss für die Unterstützung von Vätern gezogen (Fröhlich 2007).

Das Leben mit einem behinderten Kind kann Eltern zwar durchaus an den Rand der Belastung und Erschöpfung bringen. Wie die Untersuchungen insbesondere zum Kohärenzgefühl zeigen, kann es aber auch als Chance zur Weiterentwicklung und zum Überdenken der bislang gültigen Wertvorstellungen gesehen werden (Götz 1997; Retzlaff 2010; Retzlaff 2016). Die Bedeutung einer guten Partnerschaft im Prozess der Auseinandersetzung wurde in Studien zum Familienkohärenzgefühl eindrucksvoll herausgearbeitet. Für ihre Verortung als Familie in der Gesellschaft, der Rolle, die den Vätern und Müttern dabei zukommt, Modelle des Umgangs mit einem Kind mit Behinderung und vielen anderen Fragen benötigen sie auch das Gespräch mit Fachkräften oder den Austausch mit anderen Eltern. Dies vor allem, weil Väter mit anderen Vätern, die sie aus ihrem persönlichen Umfeld kennen, kaum sprechen, sei es aus Angst vor Zurückweisung, der Befürchtung, Mitleid zu provozieren oder als schwach dazustehen.

> Das ist kein Gesprächsthema nicht, aber es ist für viele Väter, die ich jetzt so kenn', einfach wirklich ein Tabuthema. Du kannst über alles Mögliche reden, bloß jetzt über mein Kind, das vielleicht irgendeine Behinderung hat, das ist schwer. (Vater K)

### 3.5.1 Hilfesuchverhalten von Vätern

Psychosoziale Beratung zu nutzen, ist, ebenso wie die Bereitschaft, über eigene Befindlichkeiten zu sprechen und Hilfe in Anspruch zu nehmen, eher ein Verhalten, das Frauen zeigen. Dies belegen Untersuchungen zum Bereich des Gesundheits- und Hilfesuchverhaltens ebenso wie Untersuchungen im Bereich der sozialen Netzwerke (Schmerl/Nestmann 1990). Auch in unseren Gesprächen mit den Vätern finden sich entsprechende Ergebnisse. Gelegenheiten zum Austausch, zur Beratung oder auch zum Ausdrücken von Gefühlen nutzen eher die Frauen. Ein Vater berichtet davon, dass der Familie eine Ansprechperson vermittelt wurde, die ebenfalls ein Kind mit Down-Syndrom hat. Das Gesprächsangebot nutzte seine Frau.

> Da gibt's ja im Krankenhaus so Sozialhilfe oder Sozialstationen und da hat uns dann jemand eine Adresse vermittelt eben von einer Mutter, die ein paar Jahre vorher ein Down-Kind gekriegt hat, die dann zwar nach G. gezogen ist. Und mit der hat dann meine Frau ein paar Mal telefoniert. (Vater F)

Ähnliches berichtete ein Vater über die Unterstützung durch die Fachkräfte einer Einrichtung. Hier wurde die Beratung durch eine Psychologin angeboten. Dieses Angebot wurde aber nur von der Mutter in Anspruch genommen. Dass es für die von uns befragten Väter eher unüblich ist, auf eigene Befindlichkeiten und Gefühle zu achten und darüber zu sprechen, veranschaulicht die folgende Passage, in der ein Vater auf die Frage, ob er schon mal mit jemandem über seine Rolle als Mann und Vater gesprochen habe, antwortete:

> Ich weiß nicht, manchmal kam's vielleicht schon so, dass man über was reden möchte. Grad mit den Kollegen […] aber das sind nicht ganz so tiefgehende Gespräche. Über die Situation an sich und was alles ist, natürlich nur wenn der Fall gleich gelagert ist, sag' ich mal, die anderen haben halt „normale, gesunde Kinder", in Anführungsstrichen, und andere, kleinere Probleme. Wenn da der Heuschnupfen ausgebrochen ist, ist das schon ein halbes Drama, so ungefähr […] Aber da bin ich eh nicht so der Mensch dafür. Das sagt meine Frau auch immer, dass ich wenig aus mir rauslasse, auch so in Gesprächen […] Das ist schwierig, das ist schwer, sich so zu öffnen. Ich öffne mich schon immer mehr, aber ich weiß nicht genau […] (Vater D)

Einerseits sieht dieser Vater, dass er mehr (Gefühle?) „rauslassen" müsste. Andererseits hat er keine klare Vorstellung, wie er durch diese Öffnung profitieren und seine Probleme besser bewältigen könnte, zumal er befürchtet, dass das Gegenüber ihn dafür nicht gut genug kennt. Mit dieser Verschlossenheit kann eine enorme psychische Belastung einhergehen, die Väter, wie bereits ausgeführt, dann häufig mit sich selbst ausmachen.

> […] Och, sagen wir so. Ich hab' schon ein Jahr gebraucht, bis ich ganz einfach sagen konnte, ich bin Vater von einem behinderten Kind, weil vorher, Vater sein wollte ich schon, sowieso. Aber von einem behinderten Kind, das ist ein bisschen härter, das den Leuten zu sagen. Und manchmal verschweigst du es, nicht, weil du dich nicht traust, es zu sagen, sondern weil du Angst hast, dass der andere dann anfangen muss, sozusagen Mitleid zu zeigen. Dann sagst du es halt nicht. (Vater E)

Diesem Vater fiel es ein ganzes Jahr lang schwer, dazu zu stehen, ein behindertes Kind zu haben und darüber zu reden. Mitleid beim Gegenüber zu erzeugen, kommt für diesen Vater nicht als Option in Frage. Er fürchtet, dadurch Respekt zu verlieren und auch nicht mehr mit dem Gegenüber auf Augenhöhe zu sein. Dass er in dieser Situation über Probleme spricht, die sich für ihn daraus ergeben, ist nicht vorstellbar. Er würde dadurch keine Entlastung, sondern eine zusätzliche Belastung erfahren.

Die Anpassung an die veränderte Situation könnte nach Retzlaff (2010) als „langer, mühsamer Weg bergauf" (S. 160) beschrieben werden, in der es dem Vater sehr schwer fällt, offen über seine Situation zu sprechen (Kapitel 3.4). Für Väter, die relativ schnell wieder eine Balance gefunden haben, war der Austausch mit anderen betroffenen Familien hilfreich, um Modelle für das Leben mit einem behinderten Kind zu bekommen.

### 3.5.2 Annahme von Unterstützungsleistungen

Die befragten Väter haben in vielen Bereichen keine Probleme damit, Hilfen und Unterstützung in Anspruch zu nehmen. Dies trifft dann zu, wenn es um alltägliche Unterstützungen geht, um Entlastungen im Haushalt, bei organisatorischen, medizinischen und/oder technischen Fragen. Als Helfende werden die Partnerinnen, Verwandte, Nachbarn, Freunde, bei bestimmten Themen aber auch Expert(inn)en akzeptiert. In den Interviews wird dies auch deutlich im Hinblick auf die medizinische Versorgung und die körperliche und psychische Entwicklung der Kinder (Behringer et al. 2014).

> Und man hat natürlich kein Ende, es ist nicht so wie beim Arm, wenn der gebrochen ist, irgendwann ist er wieder zusammengewachsen, dann passt das. Sondern wie entwickelt es sich, und da ist halt ein bisschen Ungewissheit immer dabei. Wobei wir sagen, mei, ändern kann man eh nicht viel, außer die Angebote und Therapien, die es gibt, in Anspruch zu nehmen und dann das Bestmögliche daraus zu machen […] Also geht man regelmäßig zu den Kontrolluntersuchungen und schaut, wie er sich entwickelt. (Vater D)

Hilfe für das Kind in Anspruch zu nehmen, fällt Vätern nicht schwer, denn sie tun alles, um ihr Kind optimal zu fördern. Bei Hilfe für sich selbst sind sie zurückhaltender und kritischer und prüfen erst, ob die Unterstützung sinnvoll und hilfreich ist.

> Also da haben wir überhaupt keine Skrupel, bloß wir sind halt Menschen, ich sag' mal, die halt vernünftig auch Dinge abschätzen oder abwägen, und das muss dann auch einen vernünftigen Hintergrund haben, verstehen Sie, nicht bloß um der Hilfe willen, sondern du musst halt den Eindruck haben, dass uns als Eltern das was bringt. (Vater F)

Für die Praxis heißt das, zum einen wahrzunehmen und anzuerkennen, dass Väter ggf. andere Bedürfnisse und Fragen als Mütter haben und zum anderen mit ihnen gemeinsam zu eruieren, was ihnen etwas bringen würde. Gerade in der ersten Phase der Konfrontation mit der Behinderung des Kindes sind Väter offen für Unterstützung und Beratung.

> Da hätte ich mir mehr Unterstützung gewünscht, grad in der Anfangsphase. Und du hast dann irgendwo so ein bissl den Eindruck gehabt – ich sag' mal, man ist ein bissl allein gelassen worden. (Vater F)

Dieser Vater hat dann begonnen, sich in einem Lexikon über das Down-Syndrom zu informieren, und inzwischen ein umfassendes Wissen erworben.

> Aber wie gesagt, du lernst dann irgendwann, damit umzugehen. Aber ganz ehrlich, in der ersten Phase hätte ich mehr Unterstützung noch von sozialen Stellen gewünscht. Dass man da gesagt hätte, Menschenskinder, man muss die Eltern noch ein bissl mehr aufklären usw. usf. […] Generell vom Staat (wo er, L. B.) da einfach in der Situation ein bissl mehr machen müsste. (Vater F)

In unseren Interviews wurde von den Vätern teilweise beklagt, dass zu wenig Unterstützung zur Verfügung steht. Väter äußerten aber auch, dass sie die Hilfe der betreuenden Einrichtung als sehr unterstützend empfunden haben. Ein Vater engagierte sich genau deshalb in einer Gruppe mit anderen Vätern, die ehrenamtlich beim Aufbau eines Therapiezentrums mitgearbeitet haben, weil er der Einrichtung „etwas zurückgeben wollte". Für soziale Einrichtungen besteht also eine gute Chance, auch mit den Vätern Kontakt aufzunehmen und die Grundlage für eine vertrauensvolle Zusammenarbeit zu schaffen. Die Väter sind ebenso involviert wie die Mütter, sie informieren sich über Hilfsmöglichkeiten, tragen Informationen zusammen und entwickeln Perspektiven für die gemeinsame Zukunft (Behringer et al. 2014).

Mit einer Konzentration auf die Kooperation mit den Müttern vertun Einrichtungen in dieser Phase eine Chance. Sie sollten nicht nur die Mütter, sondern auch die Väter als künftige Experten für die Unterstützung der Kinder wahrnehmen und ansprechen. Dass dies bislang zu wenig geschieht, zeigt sich auch in Untersuchungen im Bereich der Frühförderung. Eine repräsentative Umfrage an Frühförderstellen in Deutschland (ISG 2007) ergab, dass Väter von Fachleuten erst ansatzweise als eigene Gruppe betrachtet werden. Überwiegend werden sie als Elternteil ohne eigene Bedürfnisse, Fragen, Sorgen und Erwartungen wahrgenommen bzw. es werden ihnen die gleichen Fragen und Probleme wie den Müttern zugeschrieben. Als Zielgruppe geraten sie dabei nicht wirklich in den Blick. Allenfalls über flexiblere Öffnungszeiten oder über eine explizite Einladung zu einem Erstgespräch versuchen Frühförderstellen Väter zu erreichen. Denn während Mütter im Förderalltag präsent sind und das Gespräch auch von sich aus suchen, gilt das für Väter nicht. Das führt mitunter zu dem Wunsch, dass doch die Väter sich auf die Frühförderung zubewegen sollen oder, wie eine Fachkraft äußert, „genauso mit uns umgehen können wie die Frauen" (Cerny 2003: 93).

Diese Aussagen decken sich mit Befunden aus einer Untersuchung von Fröhlich (2007), der in Frühförderstellen danach fragte, ob es für Väter behinderter oder von Behinderung bedrohter Kinder besondere Angebote gäbe. Auch hier zeigte sich,

> [...] dass Väter erst in allerkleinsten Ansätzen als eine eigene Gruppe mit eigenen Bedürfnissen gesehen werden. In einigen Einrichtungen wird der Vater als „Elternbestandteil" sehr wohl gesehen und auch als Gesprächspartner gewünscht, man versucht ihm entgegenzukommen, z. B. durch größere zeitliche Flexibilität, die sich auch nach seiner Arbeitszeit richtet. Zum Erstgespräch werden Väter häufig namentlich eingeladen. Dann aber zeigt sich, dass darüber hinaus kaum Ideen vorliegen, wie man die Zusammenarbeit mit den Vätern spezifisch gestalten könnte (Fröhlich 2007: 100).

Wie aus Untersuchungen zur Bewältigung hervorgeht, setzen sich Väter zunächst weniger emotional, sondern eher kognitiv mit ihrer Situation auseinander. Daraus lässt sich folgern, dass Angebote zunächst auf praktischer Ebene angeboten werden sollten und weniger Hilfe zum emotionalen Durcharbeiten (Sarimski 1996). Väter können ihre Bedürfnisse dann gut formulieren, wenn man ihnen den Raum dafür gibt und sie in ihren Kompetenzen auf kognitiver, sozialer oder emotionaler Ebene anspricht. „Oftmals überwiegt eine Kompetenzebene, so ist es für manche Eltern wichtig, zunächst über ihre Ängste und Wünsche zu sprechen; andere wieder haben kreative Ideen für die Kommunikation mit dem Kind entwickelt, und wieder andere unterstützen gleich und ähnlich betroffene Eltern." (Ziemen 2003: 16)

Werden Väter in ihrem spezifischen Erleben und mit den ihnen eigenen Kompetenzen, Ressourcen und Bewältigungsmöglichkeiten wahrgenommen, so entsteht für sie die Möglichkeit, sich produktiv mit ihrer Situation auseinanderzusetzen. Es entwickeln sich auch positive Wahrnehmungen z. B. der Fähigkeiten eines Kindes mit

Down-Syndrom (offen, freundlich, humorvoll) oder es relativieren sich Werte und Ziele im Leben und es kann sich daraus eine positive Lebenseinstellung mit Zuversicht, Vertrauen und Gelassenheit entwickeln, wie Krause (2008) in seinem Überblick über Untersuchungen aus den Jahren 2000 bis 2006 berichtet.

Das Konzept des Kohärenzgefühls (Kapitel 3.3) kann dabei auch als Rahmen für die Gestaltung der Angebote für Väter herangezogen werden. Für Väter müssen Gelegenheiten geschaffen werden, sich mit Professionellen oder anderen betroffenen Vätern/Eltern mit der Behinderung ihres Kindes auseinandersetzen zu können. Welche Ebene in der Auseinandersetzung zunächst im Vordergrund steht, ob Verstehbarkeit, Handhabbarkeit oder Sinnhaftigkeit, darin können sich Väter und Mütter, aber auch Väter untereinander unterscheiden. Bei Vätern steht möglicherweise die Handhabbarkeit im Vordergrund. Dabei sollten wir sie unterstützen und ihre Suche nach Informationen nicht als Aktionismus werten, durch den sie eine Auseinandersetzung mit ihrer Situation verdrängen. Wie Erfahrungen aus der Arbeit mit Vätern zeigen, erfolgt die Auseinandersetzung auf den anderen beiden Ebenen im Austausch von Vätern untereinander oft zwangsläufig im gemeinsamen Handeln. Es „hat sich gezeigt, dass die Kommunikationsbereitschaft wächst, wenn gemeinsames Erleben (durch Sport, L. B.) in der Vätergruppe möglich ist [...] Die Gesprächsoffenheit steht in einem direkten Zusammenhang mit der Intensität des vorhergehenden Erlebens." (Ursel o. J.: 10)

Gerade junge Männer zeigen durchaus die Bereitschaft, sich auf Probleme einzulassen und sich mit ihnen zu beschäftigen, sowie die Offenheit, persönliche Grenzen zu benennen. Genau diese Aspekte müssten als Ressource, als Kompetenz angesehen werden, worauf Einrichtungen, die mit den Kindern und ihren Familien arbeiten, mit ihren Angeboten reagieren sollten (Fröhlich 2007). Hinze (1993), der sich seit vielen Jahren in Praxis und Forschung mit Vätern von Kindern mit Behinderung befasst, hat mit Workshops, die sich an Väter richten und einen Austausch unter „Gleichen" ermöglichen, sehr gute Erfahrungen gemacht. Anfänglich waren zwar viele Männer geneigt, problembezogenen Gesprächen auszuweichen, das Bedürfnis, offen miteinander zu reden, wurde aber zunehmend größer.

Zusammenfassend lässt sich festhalten, dass ein Bedarf von Vätern an Information, Austausch und Unterstützung besteht. Die Motivlagen der Väter sowie das Ausmaß ihres Engagements im Familienalltag können dabei durchaus unterschiedlich sein. Doch bleiben sie bei ihrer Familie, dann übernehmen sie auch ein bestimmtes Maß an Fürsorge und sollten darin unterstützt und anerkannt werden. Eine große Schwierigkeit von Männern scheint darin zu bestehen, eine eigene Beratungsbedürftigkeit zuzugeben und Beratungsangebote anzunehmen. Dem könnte mit handlungsorientierten Angeboten begegnet werden. Zudem können wir Väter nicht abgehoben von ihrer familiären Situation betrachten, ihre Partnerin ist eine ganz entscheidende Ressource für ihre Auseinandersetzung mit der Behinderung und den Umgang mit ihrem Kind. Folglich dürfen auch Angebote an Väter den familiären Kontext nicht ausblenden. Betrachtet man die Situation von Vätern behinderter Kinder, ist ein differenzierter Blick erforderlich.

## 3.6 Erfahrungen aus der Familienbildungsstätte Langau

Langjährige Erfahrungen in der Arbeit mit Vätern eines Kindes mit Behinderung liegen in der Bildungs- und Erholungsstätte Langau vor. Dabei handelt es sich um eine Einrichtung der Familienbildung nach § 16, SGB VIII unter dem Dachverband des Diakonischen Werkes Bayern. Seit 2012 ist dort das Projekt „Arbeit mit Vätern von Kindern mit Behinderung" angesiedelt, das im Jahr 2017 in die Fachstelle „Väter von Kindern mit Behinderung" mündete.

Die Bildungs- und Erholungsstätte Langau führt seit Jahrzehnten – auch – inklusive Bildungs- und Freizeitangebote für Familien mit einem Angehörigen mit Behinderung durch. Um die Eltern früh zu erreichen, wurde in den 1980er-Jahren die Stelle eines Elterngruppenreferenten geschaffen, der speziell Angebote für Familien mit Kindern in der Frühförderung unterbreiten sollte, in denen auch das weitere soziale Umfeld einbezogen ist. Die Arbeit der Frühförderstellen vor Ort wurde somit um eine emanzipatorische und ressourcenorientierte Ebene im Umfeld des Kindes ergänzt. Bekannt wurde dabei v.a. das „Langauer Modell", ein Konzept zur Entwicklung und Förderung eigenverantworteter Elternarbeit in der Frühförderung (Böhm/v. Kardorff 1989). Den Familien wurde in der Langau ein Rahmen geboten, in dem sie ihre eigenen Wünsche, Bedürfnisse und Interessen einbringen und mit Unterstützung eines Moderators eine Woche in Eigenregie gestalten konnten. Eine Betreuung der Kinder durch ehrenamtlich Engagierte ermöglichte den Eltern, über gemeinsame Aktivitäten und Gespräche in einen engen Austausch zu kommen. Angeregt durch diese Erfahrung, hielten einige Eltern die neu gewonnenen Beziehungen an ihren Wohnorten aufrecht oder suchten aktiv nach anderen Eltern in einer vergleichbaren Situation, um sich in Selbsthilfegruppen zu organisieren.

Nicht immer nahm die ganze Familie teil, manchmal kamen zunächst auch die Mütter allein mit den Kindern und Väter kamen erst in der Folge dazu. Teilweise beteiligten sich Väter an diesen Wochen oder Wochenenden auch, weil ihre Partnerinnen sie angemeldet und mitgenommen hatten. Sie wollten gern die Zeit mit ihrer Familie verbringen, ohne eine konkrete Erwartung an die gemeinsame Zeit zu haben.

Und mir ging's einfach darum, ja, eine andere Zeit zu erleben. Also ein Stück weit wie Urlaub von zu Hause, sag' ich mal, wo ich sag': Okay, man hat ein anderes Umfeld, Essen ist geregelt, um das brauchst du dich schon mal nicht zu kümmern. Und dann kannst du einfach vielleicht mal spazieren gehen, die Natur anderweitig genießen oder so. Das waren eigentlich so die Beweggründe, wo ich gesagt hab': Wir machen das irgendwo so ein Wochenende oder – am Anfang waren das nur oft zwei Tage oder so was nur [...] Das hab' ich immer gesagt zu meiner Frau: Also wenn so was ist, ich mach' da mit. Aber ich bin jetzt nicht sehr, der wo das Ganze initiiert oder versucht zu organisieren: Wir fahren jetzt dahin oder so. Ich bin da dabei und so – und es war auch ein nettes Erlebnis: Wir waren da dorten, und dann gab's so eine Begrüßungsrunde, und dann sollte jeder sagen, was er von diesem Seminar erwartet. Und ich hab' gesagt, keine Ahnung. Weil, ich weiß gar nicht, was Thema ist. Hab' ich gesagt, also ich hab' meiner Frau gesagt, wir machen einmal im Jahr mindestens so was, und sie soll das aussuchen, und dann geh' ich da mit, und jetzt schau' ich einfach, was da rauskommt. So. Und dann waren zuerst viele überrascht, und danach sind einige Männer zu mir gekommen: Mir ist es genauso gegangen! Aber keiner hat's gesagt in der Runde. (Vater L)

Der Vater erzählt im weiteren Verlauf, dass er zunächst einmal im Jahr mit seiner Frau eine Woche oder ein Wochenende weggefahren ist, v. a. um Freizeit miteinander verbringen zu können. Dabei sind sie auch in die Langau gekommen, wo es immer einen Mix an gemeinsamen Aktionen wie z. B. eine Wanderung, Raftingtour oder Klettertour und Gesprächsrunden gab. An den Gesprächsrunden beteiligten sich in der Regel beide Elternteile, je nach Thema und Bedürfnissen der Eltern wurde diese Gruppe aber auch aufgeteilt, u. a. auch nach Geschlecht, um den unterschiedlichen Bedürfnissen von Vätern und Müttern adäquat begegnen zu können. Dabei zeigten sich unterschiedliche Bedarfslagen von Müttern und Vätern noch einmal deutlicher. Es folgten daraus Wochenenden speziell für Mütter wie für Väter, aber auch für Alleinerziehende, immer mit einer Kinderbetreuung, damit die Eltern auch in Aktivitäten und Gespräche eintauchen konnten. 1989 bot der Elterngruppenreferent erstmalig ein Wochenende, speziell für Väter mit ihren Kindern mit Behinderung sowie den Geschwisterkindern an, das in der Folge jährlich einmal stattfand. Darauf wurde Herr L. von seiner Frau aufmerksam gemacht.

[...] und dann hat man ja diesen Info-Flyer von der Langau immer bekommen. Und da war das dann mal drin mit dem Väter-Wochenende, und dann hat sie zu mir gesagt: Du, schau mal her, wär' das nicht was? Und dann hab' ich mir auch gedacht, okay, alleine, das wär' dann so was das erste Mal so ungefähr [...] Aber ein Stück weit war's natürlich auch befremdend so, plötzlich mit fremden Männern oder mit fremden Leuten insgesamt da zusammenzusitzen und dann irgendein Gespräch anzufangen. Und wie ich dann dorten war, hab' ich mir gedacht oder hab' das gemerkt – es ist ja oft so, also heut' Abend so: Man braucht da zuerst ein bissl einen Einstieg, ja, ein bissle ein Kennenlernen, Beschnuppern, so, die ersten fünf Minuten. Und dann kann man eigentlich so ein bissl auch mit dem Thema loslegen. Und das ist ja in solchen Runden, da hab' ich das auch so ein bissle erwartet, so was. Aber [...] Gut, es waren schon fünf Minuten auch dabei, aber es ging wahnsinnig schnell eigentlich ins Eingemachte. Wo ich mir gedacht hab': Wau! Also für das, dass ich den gegenüber nicht kenn', dass das so schnell was bringt oder dass doch so schnell so emotionale Sachen rauskommen. Da war ich dann schon überrascht. Und das hat mich dann auch bestärkt, das ein zweites Mal zu machen dann. Und ich wollt's eigentlich, jetzt letztes Jahr war's, glaub', da hab' ich's auch wieder in der Hand gehabt, bin ich drübergestolpert, hab' ich mir gedacht, Mensch, das stimmt! Dann ging's aber zeitlich bei mir nicht. (Vater L)

Für die teilnehmenden Väter galt überwiegend, dass sie nicht zum ersten Mal über ihre Situation gesprochen hatten, da sie schon auf Erfahrungen aus Familienwochen (-enden) zurückgreifen konnten. Angesprochen auf seine Erklärungen, weshalb bei Männern, die ja angeblich nicht so gern reden, so schnell ein so intensives Gespräch in Gang kommt, stellt Herr L. folgende Überlegungen an:

Also ich hab' das ein paar Mal schon überlegt, warum dass das so schnell klappt. Und ich mein', dass das einfach ist, wenn – wie sagt man in Bayern? – die Chemie gepasst hat. Man hat ungefähr das gleiche Level gehabt, man hat ungefähr die gleichen Vorbelastungen gehabt, und das in diesem Rahmen da drin, familiär, Bauernhof [...] Und dann ist das ruckzuck eigentlich so entstanden. Also man ist ja da am Freitag angereist quasi, und war dann eigentlich abends die Einführungsrunde so gedacht. Und dann ist es da eigentlich schon zur Sache gegangen. Wo ich mir gedacht hab', das hätt' ich jetzt gar nicht erwartet da [...] eigentlich war so der Abend unter dem Motto Kennenlernen, sag' ich jetzt mal so. Also ich weiß jetzt nicht, ob's direkt so beschrieben war, aber es war so einfach ein Abend. Und dann sind schon die ersten, ja, Emotionen oder: Mir geht's einfach scheiße mit der Situation jetzt, mit der Krankenkasse oder sonst was. So. Und dann ist das schon so, eigentlich abends schon, so richtig losgegangen, dass man am zweiten Tag, wo eigentlich der eigentliche Gesprächskreis losging, schon viel besprochen war oder schon viel [...] Ja, also ich hab' dann plötzlich gemerkt so oder halt mitgekriegt: Ha, denen geht's genauso! Die haben das gleiche Problem! Oder [...] Ja, das ist einfach [...] entlastend, weil man denkt, man ist nicht ganz allein. Es hilft nichts, dass es dem genauso geht, eigentlich, aber man hat irgendwie das Gefühl, man ist nicht ganz allein, ja. Der hat das gleiche Problem, und miteinander [...]. (Vater L)

Der Austausch mit anderen Vätern schafft Erleichterung und Entlastung auf zwei Ebenen. Zum Ersten, wenn sie von anderen hören, dass es ihnen genauso geht, dass sie gleiche oder ähnliche Probleme haben, was gleichzeitig heißt, dass man selbst mit diesen Erfahrungen nicht allein ist. Und zum Zweiten trägt das Erzählen der eigenen Geschichte, der eigenen Befindlichkeit, der Sorgen und vielleicht auch Schwächen dazu bei, als Mensch mit all seinen Sorgen und Schwächen anerkannt zu werden und ggf. auch Lösungen zu finden.

Es tut gut, selber drüber zu reden, und es tut auch gut, von anderen das zu hören, was sie momentan an Erfahrungen machen, was sie für Sorgen, Ängste, Probleme haben [...] zu sehen, dass es anderen ähnlich geht wie einem selber und vielleicht daraus dann wieder, ja, Erfahrungen und Lösungsansätze ziehen, die andere schon gemacht haben. (Vater N)

Die Gespräche wirken sich nicht nur auf die eigene Befindlichkeit aus, sondern auch auf die Paarbeziehung.

[...] Spontan hätt' ich jetzt mal nein gesagt. Aber [...] Ja [...] Wenn ich länger drüber nachdenk', denk' ich schon, dass es auch einen Einfluss hat. Weil, wie gesagt, ich hab' für mich selber einfach manches rausgezogen, und das wirkt sich dann auf den Partner auch mit aus. Ich bin da einfach auch ein Stück weit selbstbewusster geworden. (Vater L)

Nachdem die Kinder der Frühförderung entwachsen waren und somit eine Begleitung des damaligen Referenten für Elternarbeit in der Frühförderung nicht mehr möglich war, gründeten sich 1998 mit Unterstützung des Elterngruppenreferenten die sog. Autonomen Väter. Hauptziel war ein Austausch von Mann zu Mann, bei dem alle Themen, die Männer bewegen, angesprochen werden können und gleichzeitig ein männerspezifischer Austausch über das Vatersein eines Kindes mit Behinderung möglich war. Weiterhin war den Vätern wichtig, das Wochenende mit den Kindern zu verbringen, auch um ihre Partnerinnen zu entlasten. Seitdem finden zweimal jährlich „autonome" Väterwochenenden statt, mittlerweile in der zweiten Generation von Vätern selbst geleitet und immer gut besucht.

> [...] also ich bin erst seit letztem Jahr dabei, aber es gibt so eine Gruppe von Vätern, die einmal im Jahr für eine Woche Motorrad fährt. Das ist das Angebot ohne Kinder. Dann gibt's das Angebot mit Geschwisterkindern, die Bergsteigen gehen einmal im Jahr übers Wochenende. Und dann gibt's das Angebot für Väter mit allen Kindern in der Langau, ein Väterwochenende zu machen. Und ich find', dass jedes Angebot einen gewissen Reiz hat. (Vater N)

Diese Treffen haben nun den Charakter einer Selbsthilfegruppe von Vätern, die ihre Angelegenheiten selbst in die Hand nehmen, um sich weiterhin gegenseitig emotional wie mit Informationen zu unterstützen, ihre Freizeit gemeinsam zu verbringen und somit ihre Situation auch ein Stück weit zu normalisieren. Entstanden sind darüber im Laufe der Zeit auch Freundschaften sowie die Erfahrung von kompetenter Vaterschaft.

> Viele nette neue Bekanntschaften mit anderen Vätern, die teilweise zu Freundschaften geworden sind. Wahrscheinlich das, was Sie gerade gesagt haben: mit Normalisierung. Einfach auch zu sehen, dass, was wir da grade machen oder was so unser Alltag ist, das ist nicht unser alleiniger Alltag, sondern auch andere haben genau diesen – also nicht genau diesen –, aber einen ähnlichen Alltag zu bewältigen vielleicht. Oder andere Sachen. – Viel Spaß. Das war immer Mitbestandteil der Väter-Angebote. Und eine intensive Zeit mit den Kindern. Die man sich sonst vielleicht nicht in dem Maße nimmt. Ich denk' jetzt grad so an die ersten Wochenenden mit allen drei Kindern, das macht man nicht einfach so mal; oder zumindest nicht in dem Zeitraum, wo man eigentlich denkt, dass es ein wahnsinniger Aufwand ist, das dann aber als sehr gute Erfahrung empfindet. (Vater N)

Die Langau verstand sich bei allen Angeboten, ob vom Elterngruppenreferenten geleitet oder selbst organisiert, immer als Ort der Ermutigung, an dem sich Väter begegnen und in gemeinsamen Gesprächen und Aktivitäten ihre Stärken (wieder-)entdecken können. Nach dem Prinzip des Empowerments bekommen sie den Raum und die Unterstützung, um sich mit ihren Bedürfnissen und Fragestellungen auseinanderzusetzen (Ursel 2000; Ursel o. J.).

# 4 Entwicklung von väterorientierten Veranstaltungen

In Einrichtungen für Kinder mit Behinderung sind in der Regel die Mütter präsent. Väter treten dagegen nur gelegentlich auf, manchmal zu Beginn der Betreuung oder im Rahmen der Diagnostik, manchmal auch gar nicht. Viele Fachkräfte betonen zwar, dass eine stärkere Präsenz der Väter für den Förder-, Behandlungs-, Therapieprozess oder den schulischen Erfolg ihres Kindes sowie für ihre eigenen Fragen wichtig wäre, im Ganzen gesehen wurden bislang aber wenig Ideen entwickelt, wie Väter besser erreicht werden könnten. Blickt man in andere Bereiche der psychosozialen Versorgung, so finden sich einige Ansätze, wie bestimmte Zielgruppen gut anzusprechen sind.

## 4.1 Die Lücke zwischen Zielen der Einrichtungen und den Bedürfnissen von Vätern schließen

Die mangelnde Nachfrage durch Männer bzw. Väter bei Angeboten der Familienberatung und Familienbildung sowie zahlreichen anderen psychosozialen Angeboten ist ein Phänomen, das in der psychosozialen Praxis nicht neu ist. Bereits in den 1970er-Jahren wurde es als „Zugangsproblematik" bestimmter Zielgruppen diskutiert, die nach Meinung der Fachkräfte weder bereit noch in der Lage waren, die per se positiven und hilfreichen professionellen psychosozialen Angebote zu nutzen. Festgestellt wurden diese Defizite vor allem bei bildungsfernen Personengruppen, da sie die Beratungs- oder Bildungseinrichtungen nicht aufgesucht haben. Gegenläufig zu diesen Einschätzungen konnte inzwischen in Studien herausgearbeitet werden, dass sich auch Eltern, die keinen Kontakt zu professionellen psychosozialen und psychologischen Beratungs- und Bildungsangeboten suchen oder haben, sehr wohl für Fragen der Pädagogik interessieren und sich für ihre Kinder engagieren. Häufig halten diese Eltern die Art und das Format dieser professionellen Angebote für ihr Verständnis sowohl für überflüssig als auch für sinnlos (Buchholz et al. 1984).

Mitte der 1970er- und verstärkt in den 1980er-Jahren begann dann eine Neuorientierung der professionellen psychosozialen Beratung, die stärker die Perspektive der potenziell Ratsuchenden in den Blick nahm. Im Fokus stand weniger der von Expert(inn)en definierte Bedarf der Zielgruppe, sondern deren von ihnen selbst empfundene Bedürfnisse. Professionelles Wissen und Handeln nahm nun zunehmend auch die Lebenswelten der Zielgruppen und deren Anforderungen in den Blick. Spätestens mit der Einführung des Qualitätsmanagements in den 1990er-Jahren wurde die Zurückhaltung gegenüber professionellen psychosozialen Angeboten nicht mehr als Defizit seitens der Zielgruppe gesehen, sondern als „Gap" – also Lücke zwischen den Bedürfnissen der Bevölkerung und den psychosozialen Beratungsangeboten (Überblick in Schröer et al. 2000). Explizit beteiligt an diesen Entwicklungen im Bereich der Behindertenhilfe war auch die Bildungs- und Erholungsstätte Langau e. V. (Kapitel 3.6).

https://doi.org/10.1515/9783110669152-004

Aus dieser Debatte um die Qualitätsentwicklung in der sozialen Arbeit sind Verfahren bekannt und bewährt, die geeignet sind, die Lücke zwischen den Zielen professioneller psychosozialer Arbeit einerseits und den Wünschen und Bedürfnissen der Zielgruppe andererseits zu schließen. Dabei geht es darum, seitens der Einrichtungen in allen Schritten der Prozessplanung systematisch die Wünsche und Interessen der möglichen Teilnehmer/-innen zu berücksichtigen. Als zentrale methodische Ansätze sind dabei die sog. Kundenpfadanalyse und geeignete Formen der Prozessbeschreibung zu sehen.

### 4.1.1 Kundenpfadanalyse und Prozessbeschreibung

Eine systematische Erweiterung des Blicks auf die Wünsche der Kund(inn)en der Veranstaltungen erlaubt die sog. Kundenpfadanalyse. Dabei wechseln die Fachkräfte konsequent die Perspektive, mit der sie auf Beratungsanliegen und -angebote blicken. Sie versetzen sich in die Position der potenziell Ratsuchenden und beurteilen jeden einzelnen Schritt bei der Planung, Werbung, Anmeldung und Durchführung der Veranstaltung explizit aus der Perspektive der Kund(inn)en und fragen, wie die einzelnen Schritte auf sie wirken. So kann beurteilt werden, was vermutlich als attraktiv und hilfreich angesehen wird, aber auch was möglichst zu vermeiden ist. Relevant dabei sind sowohl die Sichtweisen der Väter (und ihrer Familien) als auch die der Kooperationspartner. Das Prinzip dieser Methode beruht auf der Annahme, dass die Nutzung von Veranstaltungen am Ende eines Entscheidungspfades steht, der es immer wieder erlaubt, sich gegen eine Nutzung der Veranstaltung zu entscheiden. Dieser Weg zu einer Inanspruchnahme wird dann erfolgreich – i. S. des Anbieters – beschritten, wenn alle relevanten Entscheidungen der potenziellen Nutzer/-innen für die Nutzung des Angebots sprechen. Um beurteilen zu können, welche Wahrnehmungen, Bewertungen und Einschätzungen bei der Zielgruppe zu erwarten sind, ist es wichtig, die einzelnen Schritte zu identifizieren, bei denen die potenziellen Ratsuchenden Entscheidungen treffen. Typischerweise sind das folgende:
- Veröffentlichungen des Angebotes
- Informationen über den Veranstalter
- Flyer
- Informationen im Netzwerk
- Anmeldeverfahren
- E-Mail-Korrespondenz
- Telefonkontakte
- Beginn der Veranstaltung
- Durchführung der Veranstaltung
- Nachbereitung der Veranstaltung

**Tab. 4.1:** Beispiel einer Kundenpfadanalyse für eine Geocaching-Tour 2013[a] (Quelle: Eigene Darstellung).

| Prozessschritte | Erwartungen der Väter | Maßnahmen der Einrichtung | Intervention bei Störungen |
|---|---|---|---|
| Information der Väter über Ausschreibung als offenes Angebot für Väter (Teilnehmer der Familien-Sommerfreizeit und örtliche Väter) | Väter der Familienfreizeit: Allgemeine Informationen zur Tour und zur Gesamtveranstaltung erhalten<br>– Landschaftlich attraktive Tour<br>– neue Tour (Stammgäste)<br>– Hütteneinkehr<br>– keine zu großen technischen Schwierigkeiten<br>– „Unterhaltungsprogramm" (Anekdoten, Kenntnisse zu Flora und Umgebung, technischem Knowhow zu GPS-Geräten etc.)<br>Väter aus örtlicher Umgebung: unklar, da keine Rückmeldung | Auswahl der Tour nach folgenden Kriterien:<br>– Der Projektleiter kennt die Tour persönlich<br>– attraktive Fernsicht rundum<br>– keine Überforderung durch mäßig langen Anstieg<br>– einfacher Weg<br>– bewirtschaftete Hütte ist vorhanden<br>– Cache am Gipfel ist vorhanden | Korrektur der Tour zu einer leichteren Variante (zunächst war die Klammspitze in den Ammergauer Alpen geplant); nach Durchsicht möglicher Teilnehmer und Rücksprache mit erfahrenem Kollegen erfolgte Auswahl auf den Jochberg, um allen Vätern die Teilnahme zu ermöglichen |
| Vorstellung der Tour im Planungsgespräch am 4. August in der Langau | Detaillierte Informationen zur Tour erhalten:<br>– Vorstellung des Projektleiters<br>– Vorstellung der Tour<br>– Klärung offener Fragen, kritische Anmerkungen von Müttern zu Väterangeboten insgesamt<br>– Vergleiche zu bereits unternommenen Bergtouren<br>5 Väter zeigen Interesse | Abgleich der vermuteten Wünsche mit artikulierten Wünschen und den Gegebenheiten der Tour:<br>– Vermutete Bedürfnisse decken sich weitgehend mit artikulierten Wünschen<br>– Frage, ob anspruchsvollere Tour gewünscht wird, wird verneint | |

**Tab. 4.1:** (Fortsetzung)

| Prozessschritte | Erwartungen der Väter | Maßnahmen der Einrichtung | Intervention bei Störungen |
|---|---|---|---|
| Anmeldeschluss am 6. August | 4 Väter der Familien-Sommerfreizeit melden sich an | Keine Anmeldungen örtlicher Väter (vermutlich ungünstiger Zeitpunkt und/oder örtliche Väter unternehmen eine solche Tour in eigener Planung) | Ursache für fehlende Anmeldungen klären (vermutlich ungünstiger Zeitpunkt und/oder örtliche Väter unternehmen eine solche Tour in eigener Planung) |
| Durchführung am 7. August | – 4 von insgesamt 8 Vätern der ersten Familien-Sommerfreizeit (anderen Vätern war die Anfahrt von ca. 50 km zu weit bzw. keine Affinität zu Wanderungen)<br>– Bildung einer Fahrgemeinschaft<br>– gemeinsamer Aufstieg<br>– Suche der Väter nach dem Cache<br>– gemeinsame Pausen, Unterhaltungen, botanische Bestimmungen, Gipfelrast, Einkehr, Erklärungen zu umliegenden Gipfeln und Landschaften | zusätzliches Equipment wird bereitgestellt:<br>– GPS-Geräte<br>– Ausdruck der Koordinaten<br>– Erste-Hilfe-Ausrüstung<br>– Fauna- und Flora-Bestimmungsbuch<br>– Karte<br>– Kamera | – Väter nach Cache suchen lassen, steigert Interesse an Tour<br>– Herr Wilms zieht sich aus Gesprächen immer wieder bewusst heraus, damit der Austausch unter Vätern angeregt wird (läuft hinterher)<br>– Nutzung des restlichen Nachmittags für Klosterbesichtigung (Benediktbeuern) oder Stadtbesichtigung Murnau. Wahl fällt auf Murnau, da baustellenbedingt erheblicher Umweg nach Benediktbeuern nötig wäre |
| Nachbereitung: | – Verfügbarkeit über alle Fotos, Austausch der Fotos erwünscht<br>– Reflexion: kein Veränderungsbedarf, gelungene Tour | Austausch der Fotos für gemeinsame CD wird organisiert | |

a Kundenpfadanalyse: Planung und Durchführung einer Geocaching-Tour für Väter von besonderen Kindern auf den Jochberg.
Dokumentation der Angebote für Väter von Kindern mit Behinderung und erhöhtem medizinischen Bedarf an der Bildungs- und Erholungsstätte Langau e. V.

Bei jedem dieser Schritte der Bewerbung, der Veröffentlichung und der Durchführung der Angebote werden durch den Anbieter Informationen vermittelt, die das Angebot attraktiv machen, aber auch „abschreckend" wirken können. Bei der Bewerbung über unterschiedliche Kanäle kann bei den Vätern ein grundsätzliches Interesse für ein Angebot geweckt werden (Väter als mögliche Kunden prüfen, ob das Angebot für sie und ggf. ihre Kinder und Familien so attraktiv ist, dass sie eine Teilnahme erwägen). Bis sie sich jedoch tatsächlich anmelden, muss die Entscheidung für eine Teilnahme an der Veranstaltung immer wieder gestützt werden. Die Durchführung einer Veranstaltung bis hin zu einer geeigneten Nachbereitung ist entscheidend dafür, dass Väter mit dem Angebot zufrieden sind und gern wieder an einer Veranstaltung, auch in einem anderen Setting teilnehmen. Damit können Angebote ausdifferenziert und nachhaltig etabliert werden.

Auf der Basis dieser Erkenntnisse kann von den Fachkräften ein Angebot entwickelt werden, das sowohl die Ziele der Einrichtungen als auch die Bedürfnisse und Anforderungen der Zielgruppe – hier der Väter von Kindern mit Behinderung – in geeigneter Form berücksichtigt.

*Prozessbeschreibung als Analyse- und Planungsinstrument:*
Als sinnvolles Vorgehen hat sich hier der Ansatz der Prozessbeschreibung bewährt, der kategorial alle wesentlichen Elemente erfasst, die für die konkrete Durchführung von Angeboten relevant sind. Die folgende Tabelle 4.2 veranschaulicht diese Elemente.

**Tab. 4.2:** Inhalte einer Prozessbeschreibung (Quelle: Eigene Darstellung).

| Fragen zur Prozessbeschreibung | Erläuterung |
| --- | --- |
| Wie kam die Veranstaltung zustande? Was war der Anlass für die Durchführung? | Dieser Punkt schafft wichtige Rahmenbedingungen für die Durchführung einer Veranstaltung. Es macht einen Unterschied, von wem die Initiative ausgeht. Initiativen der Projektleitung erfordern mehr Motivationsarbeit in Bezug auf Teilnehmer und Kooperationspartner. Wird der Wunsch an die Projektleitung herangetragen, liegt deren Aufgabe stärker in der Organisation und Gestaltung. |
| Wie lassen sich die Veranstaltung und die einzelnen Prozessschritte genau beschreiben und festlegen? | Die präzise und nachvollziehbare Beschreibung der Veranstaltung erlaubt eine gute Planung und erleichtert eine Wiederholung sowie die Durchführung durch erstmals Beteiligte. Festlegungen sind einzuhalten. |
| Welche Ziele verfolgen die Durchführenden mit der Veranstaltung? | Prozessziele werden aus der Sicht der mitwirkenden Einrichtungen formuliert. Es gilt zu klären, warum eine Veranstaltung durchgeführt wird und was damit erreicht werden soll. Bei mehreren Mitwirkenden können auch unterschiedliche Ziele vorliegen. |

**Tab. 4.2:** (Fortsetzung)

| Fragen zur Prozessbeschreibung | Erläuterung |
|---|---|
| Woran lässt sich erkennen, ob die Ziele erreicht werden? | Hier werden Aspekte und Kriterien genannt, die eine Beurteilung der Zielerreichung erlauben. Diese können sich auf mehrere, durchaus unterschiedliche Bereiche beziehen (z. B. Zahl der Teilnehmer, deren Zufriedenheit, Intensität der Gespräche, Atmosphäre zwischen den TN, Perspektive der Väter, Perspektive der Kinder) und zwischen den Mitwirkenden differieren. |
| Für wen wird die Veranstaltung durchgeführt (Prozesskunden)? | Hier ist zu klären, wer von der Veranstaltung profitieren soll. In diesem Projekt sind das die teilnehmenden Väter, die Kinder und die Familien ebenso wie die kooperierenden Einrichtungen. |
| Welche Anforderungen haben die Prozesskunden? | Bei der Planung und Auswertung von Veranstaltungen wird hier die Kundensicht eingenommen und gefragt, welche Wünsche und Erwartungen die Kunden an die Veranstaltung haben. Als methodisches Hilfsmittel kann hier die „Kundenpfadanalyse" genutzt werden. Die Veranstaltung wird unter Berücksichtigung der Einrichtungsziele und der Kundenanforderungen geplant und realisiert. |

Das Prinzip der Prozessbeschreibung basiert auf der Unterscheidung zwischen den Zielen der Einrichtung und den Bedürfnissen und den daraus ableitbaren Anforderungen der Zielgruppe. Beide Perspektiven sind dann bei der Ausgestaltung des Angebotes durch die Fachkräfte zu bedenken und nach Möglichkeit zu berücksichtigen. Die gestaltbaren Merkmale der Angebote betreffen einerseits sehr grundsätzliche Aspekte (z. B. handelt es sich um eine Familienveranstaltung, ein Angebot für Väter mit ihren behinderten Kindern oder auch mit Geschwisterkindern, um eine Veranstaltung für Väter allein). Die Prozessbeschreibung definiert aber auch Detailaspekte der Durchführung, die sich auf den Ort, den zeitlichen Rahmen, eine Eignung für Rollstuhlfahrer, die Betreuung der Kinder etc. beziehen. Ein Beispiel für eine Prozessbeschreibung zu der Geocaching-Tour findet sich in Tabelle 4.3.

**Tab. 4.3:** Prozessbeschreibung für eine Geocaching-Tour[a] (Quelle: Eigene Darstellung).

| Elemente der Prozessdefinition | Erläuterung |
|---|---|
| Prozessauslöser (Startpunkt: erste Aktivität, Dokument, regelmäßiger Termin im Kalender, Anruf …) | – Wunsch der Einrichtung nach Gestaltung eines erneuten Väterangebots<br>– Ausschreibung als offenes Angebot (auch für Väter, die nicht an der Familienfreizeit teilnehmen)<br>– Ziel des Projektleiters: Kennenlernen weiterer Väter<br>– Nachdem in der Familien-Osterfreizeit von Müttern der Wunsch nach einer ähnlichen Tour artikuliert wurde, überlegt die Leitungsteamerin zeitgleich ein Programm für Mütter anzubieten |

**Tab. 4.3:** (Fortsetzung)

| Elemente der Prozessdefinition | Erläuterung |
|---|---|
| Beschreibung des Prozessablaufs | 1. Suche nach einem Cache auf Gipfeln, um eine Geocaching-Tour zu ermöglichen |
| | 2. Auswahl fällt auf Große Klammspitze (Hütte, schöne Bergtour, relativ anspruchsvoll) |
| | 3. Gestaltung der Ausschreibung |
| | 4. Rücksprache mit erfahrenem Kollegen und Durchsicht der angemeldeten Väter (große Wahrscheinlichkeit, dass diese Väter mitgehen) der Familienfreizeit: Korrektur auf erheblich einfachere Bergtour mit Cache: Jochberg (mit Hütte, knapp 400 Höhenmeter weniger, einfache Wanderung) |
| | 5. Gestaltung der korrigierten Ausschreibung |
| | 6. Verteilung an ca. 30 Einrichtungen und die Väter im Verteiler |
| | 7. Vorstellung der Tour bei Elternbesprechung am 4. August in der Langau (Abgleich der Erwartungen mit geplanter Tour ergibt große Nähe) |
| | 8. Nach Ablauf der Anmeldefrist keine Anmeldungen von externen Vätern |
| | 9. Durchführung der Tour am 8. August |
| | 10. Nacharbeiten |
| Prozessergebnis (das Prozessende bzw. die „letzte Tätigkeit") | – Tour ist durchgeführt |
| | – Auswertung geht in die weiteren Planungen ein |
| Prozessziele (Wichtiges aus Sicht der Einrichtung) | – Förderung des Austausches über aktuelle Situation unter Vätern |
| | – Väter lernen sich neu oder besser kennen |
| | – Väter treffen sich wieder |
| | – Austausch zwischen den Vätern wird angeregt bzw. fortgesetzt |
| Massstäbe für die Prozessziele (Kriterien zur Beurteilung der Zielerreichung) | – Das Angebot wird von den Vätern als attraktiv bezeichnet |
| | – Eine ausreichende Zahl von Vätern meldet sich an und nimmt teil |
| | – Es herrscht eine gute Stimmung |
| | – Väter kommen ins Gespräch und tauschen sich aus |
| | – Väter melden sich bei weiteren Veranstaltungen an, machen Werbung in ihrem sozialen Umfeld |
| Prozessverantwortliche(r) (Koordination, Info, Schulung durch MA) | – Projektleiter |
| Prozessbenutzer(in) (wer noch damit arbeitet) | – Projektleiter |
| | – Kollegin, die die Mütter betreut |
| Prozesskunde (direkt von den Auswirkungen betroffen) | – TN der Caching-Tour |
| | – teilweise die Partnerinnen der Väter |

**Tab. 4.3:** (Fortsetzung)

| Elemente der Prozessdefinition | Erläuterung |
|---|---|
| Anforderungen der Prozesskunden (Wichtiges aus Kundensicht) | – geeignete Auswahl der Tour<br>– landschaftliche Attraktivität<br>– keine zu hohe physische und psychische (v. a. fehlende Schwindelfreiheit) Belastung<br>– spannender Cache<br>– hohe Durchführungskompetenz des Veranstalters, die Sicherheit vermittelt<br>– Kenntnisse des Veranstalters zu Tour, GPS-Geräten, Umgebung |
| Festlegungen (interne und externe Regelungen/Vorgaben) | – offene Ausschreibung<br>– Für die Mütter wird eine eigene Veranstaltung durchgeführt. (Aussage einer Mutter: „Bei den Männern geht es immer so lustig zu. Wir wollen auch mal so etwas!" Kollege: „Geht es bei den Müttern nicht lustig zu?" Mutter: „Nein, esoterisch!")<br>– Die parallele Mütterveranstaltung (Wanderung im Murnauer Moos) bringt eine erhebliche Entspannung der Männer-Frauen-Thematik |
| Verbesserungspotenziale (die zur Zeit noch nicht realisiert sind) | – In der gemeinsamen Reflexion wird die Tour von den Vätern als gelungen beschrieben<br>– Verbesserungsvorschläge werden durch die Väter nicht genannt |
| Maßnahmen (nur bei Neuerungen oder Änderungen) | Termine          Verantwortlich |

[a] Prozessbeschreibung: Planung und Durchführung einer Geocaching- und Bergtour für Väter von besonderen Kindern.
Dokumentation der Angebote für Väter von Kindern mit Behinderungen und erhöhtem medizinischen Bedarf an der Bildungs- und Erholungsstätte Langau e. V.

Beide Verfahren dienen dazu, die Ziele der Einrichtung (hier die Ziele des Modellprojekts) ebenso wie die Anforderungen der Kunden (hier sowohl die Väter als auch die kooperierenden Einrichtungen) genauer zu fassen. Damit wird die Grundlage dafür geschaffen, dass sie bei der Planung der Veranstaltungen berücksichtigt werden. In der Modellphase wurden die Verfahren von der wissenschaftlichen Begleitung eingeführt, vom Projektleiter umgesetzt und in der Anwendung gemeinsam reflektiert. Insgesamt können sie eine Folie für Lernerfahrungen und Anpassungen der Angebote bilden, etwa wenn Differenzen zwischen den Einrichtungszielen und den Anforderungen der Kunden bestehen, wie der Projektleiter beschreibt:

> Wo ich aber auch entsprechend gelassener bin –, wenn bei einer Wanderung oder bei einer Aktion einfach Väter mal nur „ratschen" oder auch mit mir „ratschen", dass es durchaus dann schon vielleicht ein Schritt sein kann in ein niederschwelliges Gespräch. Aber dass ich da die Väter kommen lasse. Am Anfang hatte ich, ich kann mich erinnern, letztes Jahr, bei der Vater-Geschwister-

kind-Raft-Aktion, da hab' ich gemeint, in der Pause unbedingt ein Gespräch initiieren zu müssen, weil ich wollte einen mittleren fachlichen Standard reinbringen. Und das wurde mir danach von einem Vater doch als kritisch zurückgemeldet, dass es ihn ein bissl genervt hat. Er wollte einfach Gaudi haben mit anderen Vätern und mit seinem Sohn. Also er hat's dann schon anders formuliert: Er wollte halt einfach mal den Tag genießen mit seinem Sohn und Gaudi haben, nachdem der Sohn mit Behinderung einmal zu Hause geblieben war. Er wollte jetzt mal wirklich mit dem Geschwistersohn den Tag genießen. (Projektleiter)

Der Projektleiter beschreibt hier eine eigene wichtige Lernerfahrung. Veranstaltungen können nur dann erfolgreich sein, wenn ein Abgleich zwischen Projektzielen und Kundenanforderungen gelingt. Durch die systematische Orientierung an den Interessen der Väter gelang dies der Projektleitung sehr gut, wie die Rückmeldungen der interviewten Väter zeigen. Dazu wurden zwar die ursprünglichen Standards bei den Projektzielen etwas an die Bedürfnisse der Väter angepasst, in wesentlichen Teilen jedoch erreicht.

### 4.1.2 Interessen und Entscheidungsgrundlagen der Väter kennenlernen

Um Angebote in diesen einzelnen Schritten zielgerichtet entwickeln, sie bewerben und durchführen zu können, sollte sich die Einrichtung mit den Entscheidungskriterien der Väter auseinandersetzen. Um herauszufinden, welche Bedürfnisse und Wünsche die Väter haben, sind alle Informationen, die in der Einrichtung über die Väter, die angesprochen werden sollen, von Nutzen. Hilfreich sind dabei
- Informationen über Männer, Väter und Väter von besonderen Kindern,
- Erkenntnisse aus der Literatur und aus Fachdebatten,
- eigene Informationen aus Beratungen, Veranstaltungen und über Kontakte im kollegialen Netzwerk,
- Informationen durch die Partnerinnen und die Kinder,
- Kenntnisse aus Gesprächen und Beratungen mit Männern und Vätern,
- Bedürfnisabfragen bei den Vätern in der eigenen Klientel.

In unseren Gesprächen hörten wir von den Vätern eine Vielzahl von Bedürfnissen und Wünschen, die sich zu folgenden Entscheidungskriterien verdichten lassen:
- *Finanzielle Ressourcen:* Selbstverständlich dürfen die Kosten den finanziellen Rahmen der Familien nicht übersteigen und die Kosten-Nutzen-Bilanz der Väter sowohl aus finanzieller als auch zeitlicher Sicht muss positiv ausfallen.
- *Zeitliche Ressourcen:* Die Veranstaltung darf die zumeist knappen zeitlichen Ressourcen der Väter für Familie, Partnerschaft, Kinder und sich selbst nicht zu stark beanspruchen. Als Grundvoraussetzung bedarf es frei verfügbarer Zeit. In (akuten) Belastungsspitzen ist diese stark eingeschränkt und oftmals dreht sich alles um die Unterstützung und Versorgung des behinderten Kindes. In solchen Phasen wäre es Aufgabe des medizinischen und psychosozialen Versorgungssys-

tems im Rahmen der Diagnostik und Behandlung, auch die Väter mit im Blick zu haben.

- *Zielgruppe:* Ob ein Angebot genutzt wird, hängt stark von der Zielgruppe des Angebots ab. So macht es einen Unterschied, ob sich das Angebot nur an Männer, an die Väter und ihre Kinder oder an die ganze Familie richtet. Je nach Angebot kann somit die Zeit auch für die Familie oder für die Kinder genutzt werden.
- *Sichere Versorgung der Kinder:* Für die Väter ist es wichtig, dass während der Veranstaltung eine sichere Versorgung der Kinder entweder zu Hause, oder wenn die Kinder mit dabei sind, bei der Veranstaltung gewährleistet ist.
- *Motivation und Unterstützung durch die Partnerin:* Oftmals machen die Partnerinnen die Väter auf Veranstaltungen aufmerksam und motivieren diese zur Teilnahme. Insgesamt hat es einen Einfluss, ob die Partnerin eine Teilnahme an einer Veranstaltung unterstützt oder sich dagegen ausspricht.
- *Wunsch der Kinder:* Auch die Wünsche der Kinder haben Einfluss auf die Teilnahme an einer Veranstaltung.
- *Attraktivität der Angebote:* Um sich für die Teilnahme an einem Angebot zu entscheiden, muss dieses attraktiv sein. Während sich die bisherigen Kriterien auf alle Angebote beziehen, werden im Anschluss verschiedene Kriterien für die Attraktivität von Väterangeboten beschrieben.

Mit einem relativ geringen Aufwand können direkte Befragungen von Vätern (und ggf. ihren Kindern) auch in den Einrichtungen selbst organisiert und durchgeführt werden. Sinnvoll ist es, einige möglicherweise interessante Veranstaltungen zu benennen und dann abzufragen, ob und unter welchen Umständen die Väter Interesse hätten und vor allem bereit wären, diese Angebote zu nutzen. In der Tagesstätte, die in unserem Projekt mitwirkte, konnte erfolgreich eine entsprechende Aktion durchgeführt werden, unterstützt vom Projektleiter als Fachmann und von einem Mitglied des Elternbeirats als motivierten künftigen Teilnehmer.

### 4.1.3 Übersetzung in Angebote

Nachdem die Einrichtung über die oben beschriebenen Zugangswege eine Vorstellung davon gewonnen hat, welche Bedürfnisse und Wünsche Väter von Kindern mit Behinderung allgemein und die Väter in ihren Einrichtungen jeweils im Besondern haben, können sie auf dieser Grundlage Angebote konzipieren, planen und bewerben. Je attraktiver diese Angebote für Männer und Väter dargestellt und beworben werden, desto wahrscheinlicher ist es, dass diese auch in Erwägung ziehen, das entsprechende Angebot zu nutzen. Überzeugende Kriterien anzubieten sollte Einrichtungen vor keine allzu großen Herausforderungen stellen. Als zielführend erleben und beschreiben Väter häufig

- Angebote mit den Kindern,
- Angebote an Orten, wo sich die Kinder ohnehin aufhalten,
- Angebote an kindgerechten, barrierefreien und sicheren Orten,
- Angebote mit „Gleichgesinnten" und Vätern mit einem ähnlichen Erfahrungshintergrund,
- handlungsorientierte Veranstaltungen,
- erlebnisorientierte Angebote,
- Veranstaltungen, die von Männern durchgeführt werden.

Ein Beispiel für ein Angebot, das mittlerweile zum „Selbstläufer" geworden ist, ist die selbst organisierte Übernachtung von Vätern und Kindern in einem integrativen Kindergarten vor dem Übertritt in die Schule. In einem integrativen Kindergarten, den wir kennenlernen konnten, wurde inzwischen als Abschiedsritual eingeführt, dass die Kinder, die den Kindergarten verlassen und in die Schule kommen, zum Abschluss des Kindergartenjahres auf dem Gelände der Einrichtung gemeinsam mit ihren Vätern in Zelten selbst organisiert – und ohne Mütter – übernachten. Diese Veranstaltung umfasst praktisch alle o. a. Kriterien: Väter und Kinder sind „Gleichgesinnte" mit einem gemeinsamen Erfahrungshintergrund, die Veranstaltung ist handlungs- und erlebnisorientiert, die Väter machen etwas gemeinsam mit ihren Kindern und sie sind allein für die Veranstaltung verantwortlich. Zusätzlich bewegen sie sich in einem Umfeld, das über einige Jahre ein wichtiger – sozialer – Ort für ihre Kinder war. Dass dieses „Event" inzwischen ein „Selbstläufer" geworden ist, überrascht nicht. Die Kinder fordern dieses Abschiedsritual aktiv ein und die Väter genießen die „Herausforderung, ohne Mütter auszukommen", es allein zu können und haben Spaß dabei.

### 4.1.4 Von den Zielen der Einrichtungen zu den Bedürfnissen der Väter

Die Erfahrungen aus dem Projektzusammenhang (Behringer et al. 2014) zeigen, dass zwischen den Bedürfnissen der Väter einerseits und den Zielen und Angeboten der Fachkräfte andererseits keine grundsätzlichen, unüberbrückbaren Diskrepanzen bestehen, wenngleich ablehnende Haltungen von Männern und Vätern explizit und deutlich formuliert werden wie im folgenden Zitat:

> So psychologische Gesprächsdinger. Das ist für manche mit Sicherheit super, da wo man merkt, die haben wenig Ansprechpartner, sind alleinerziehend oder so. Für die, das hast du gemerkt, die tauen richtig auf. Also meins (die Gesprächsrunde, L. B.) war's jetzt nicht, aber für manche war das mit Sicherheit wichtig. (Vater P)

Während der Familienveranstaltung fühlte sich Herr P. während des formalen Gesprächskreises nicht so recht wohl und er sah sich auch nicht bemüßigt, sich aktiv in die Runde einzubringen. Das bedeutet allerdings nicht, dass er an intensiven Gesprächen mit der Psychologin nicht interessiert war, nur war in diesem Fall der Rahmen für ihn nicht angemessen. Außerhalb des vorgegebenen Rahmens „Gesprächsrunde" kam es im Verlauf der Veranstaltung dann doch noch zu einem intensiven, fachlichen Gespräch mit ihr, allerdings in einem anderen Setting.

> Ja, unter vier Augen, da wollt' ich das Gespräch dann eigentlich auch. (Vater P)

In diesem Fall kam es zu einem nahezu therapeutischen Gespräch. Hilfreich war dabei sicherlich auch, dass sich die Psychologin auf dieses veränderte Setting eingelassen hat und es zu einem gegenseitigen Gesprächsangebot kam.

Die Erfahrungen in unserem Projekt zeigen, dass Männer und Väter von Kindern mit Behinderung durchaus auch das Bedürfnis haben, mit anderen zu reden, und dass es dabei auch um ernsthafte Gespräche geht. Der zitierte Vater verweist in unserem Gespräch z. B. darauf, dass er nicht nach Gesprächspartnern suche, da er in seinem sozialen Netzwerk genügend Gesprächspartner hat.

> [...] Aber durch das, dass wir ja drei Generationen im Haus sind, mit Schwester, alles wohnt hier, alles von den Großeltern bis zu den Enkeln. Also wenn ich einen zum Reden such', dann mach' ich das innerhalb unserer Familie. Ich bin da nicht so. (Vater P)

Andere Beispiele in unserer Untersuchung wiesen darauf hin, dass Väter bei handlungsorientierten Veranstaltungen gern die Gelegenheit nutzen, so nebenbei ins Reden zu kommen. Das passiert zwar beiläufig, aber durchaus themenbezogen und intensiv während einer Wanderung, bei handwerklichen Arbeiten, beim Rafting, bei der Realisierung einer Zeltübernachtung oder weiterer Gelegenheiten. Diese Gelegenheiten können auch eine Brücke für den Dialog darstellen, die von den Fachkräften genutzt werden kann.

## 4.2 Professionelle Beratung und bedürfnisorientierte Angebote für Väter von Kindern mit Behinderung

Die bewährten Settings zu verlassen und sich auf veränderte Gesprächsbedingungen einzulassen ist für Fachkräfte in der Regel herausfordernd und mit vielen Fragen verbunden.

- Hat das etwas mit meinem Auftrag zu tun? Ist das dann professionelle Arbeit?
- Werde ich den Ansprüchen an eine gute Beratung gerecht? Kann ich hier professionell arbeiten?
- Bleibe ich in der Situation souverän? Kann ich das? Ist die Ablenkung zu groß?

Diese und ähnliche Fragen wurden uns in den Interviews von den Fachkräften – solange sie noch keine Erfahrung mit Angeboten für Väter hatten – wiederholt gestellt. Erfreulicherweise zeigte sich in der Praxis jedoch, dass diese Bedenken unbegründet sind. Hilfreich war hier auch die Information durch den Mitarbeiter der Fachstelle, der schon im Vorfeld von Veranstaltungen Bedenken abschwächen konnte.

> Also es war eine sehr informative Sache [...] Er hat auch einiges Material dabei gehabt, sodass eigentlich dann im Team schon die Idee entstanden ist, das ist einfach auch ein Angebot, das wir auf jeden Fall an unsere Väter machen könnten. Und ich weiß noch, was war immer die Frage: Ja, was sind es denn für Angebote, was man machen könnte? Und er hat dann ein paar so, wie gesagt, seine Erfahrungen, was die anderen so gemacht haben, hat aber immer betont: Das muss einfach in die Einrichtung passen und das soll, ja, dass jeder in der Handhabung schon sehr frei ist, wie man es gestaltet. Weil man hat ja sofort die Vorstellung, man muss jetzt was sehr Stringentes, was ganz Besonderes machen, was Außergewöhnliches, und das, glaub' ich, das konnte er da in diesem Vortrag sehr gut auch auf einen Normalstand runterbrechen, so dass jeder auch sagen kann: Okay, das ist zwar ein bissl eine zusätzliche Arbeit, aber es ist nicht unmöglich, und das können wir leisten. Also das fand ich sehr, das war sehr wohltuend. Also man hat nicht das Gefühl gehabt, man muss jetzt da irgendwas starten, was dann letztendlich ein Ballon ist, der halt nicht geht, sondern das war sehr bodenständig. (Leitung Interdisziplinäre Frühförderung)

Viele handlungsorientierte Veranstaltungen können Fachkräfte relativ unproblematisch in Eigenregie und in Kooperation mit den Vätern durchführen. Bei besonderen Veranstaltungen kann es sinnvoll sein, Expert(inn)en zur Unterstützung hinzuzuziehen, die den Ablauf der Veranstaltungen sicherstellen (im Bereich der Erlebnispädagogik, beim Angeln, bei Tierwanderungen, beim Klettern etc.). Die pädagogischen Fachkräfte können sich dann vor allem auf die Anregung und Gestaltung von Gesprächen konzentrieren (Behringer et al. 2014).

### 4.2.1 Die Sicht der Väter kennenlernen

Wenn Väter nur selten in den Einrichtungen präsent sind, ist es naturgemäß nicht selbstverständlich, dass ihre Interessen bekannt sind. Darüber hinaus gibt es in den professionellen Alltagsroutinen noch kaum praktizierte Ansätze, um diese Interessen systematisch genauer kennenzulernen. Ein Grund hierfür sind in vielen Bereichen fehlende finanzielle und personelle Ressourcen. Um hier Veränderungspotenziale zu entfalten, sind bewusste Entscheidungen der Verantwortlichen in den Einrichtungen erforderlich, die den Handlungsspielraum erweitern und die Interessen der Väter in geeigneter Form systematisch erheben.

Im Rahmen unseres Forschungsvorhabens hatten wir die Möglichkeit, einen entsprechenden Ansatz exemplarisch mit den beteiligten Einrichtungen zu entwickeln und durchzuführen. Dazu fand, nachdem wir erste Interviews mit Vätern aus der Zielgruppe geführt hatten, ein Workshop mit Fachkräften aus Einrichtungen der Nachsorge, der Frühförderung und der Behindertenhilfe statt, bei dem gemeinsam für die Einbindung von Vätern relevante Themen bearbeitet wurden.

Dazu stellten wir die Ergebnisse der bereits durchgeführten Interviews mit den Vätern vor. Dabei ging es um die gezielte Reflexion und Überarbeitung bestehender

Angebote in den Einrichtungen, um Impulse für die Entwicklung neuer Angebote für Väter und um die Identifikation von Unterschieden zwischen den erhobenen Erwartungen der Väter und den Vorstellungen der beteiligten Einrichtungen.

Als Einstieg in die Diskussion wurden die familiären Hintergründe der interviewten Väter und die Ergebnisse der qualitativen Befragung vorgestellt. Ferner wurde den Fragen nachgegangen, welche Aspekte die Bereitschaft der Väter zur Teilnahme an Väterangeboten beeinflussen. Anschließend wurden von den Teilnehmenden gemeinsam Ausgangsfragen zur ersten „Annäherung" an die Väter formuliert. Hierzu gehörten u. a. folgende Fragen: Was bewegt Väter? Wie kommen wir an die Väter heran? Wie werden Väter greifbar? Wie kann man Väter „halten"? Wie können passende Angebote aussehen? Warum ist das klassische Modell der familiären Arbeitsteilung so stabil? Wie kann das Engagement der Väter für Kinder/Familie erhöht werden? Was wissen wir über und wie erreichen wir Väter mit Migrationshintergrund? Wie machen wir Väter stark?

Bei der Planung und Neukonzeption von Angeboten und Veranstaltungen für Väter von Kindern mit Behinderung, empfiehlt es sich, innerhalb der Einrichtung eine entsprechende Reflexionsrunde durchzuführen. Die Moderation kann dabei sowohl durch eine Fachkraft aus der Einrichtung als auch mit externer Unterstützung erfolgen. Bei letzterem Vorgehen besteht der grundsätzliche Vorteil, dass strukturell „über den eigenen Tellerrand" hinaus gesehen werden kann und – wie etwa in der Supervision auch – Selbstverständlichkeiten des beruflichen Alltags hinterfragt werden dürfen.

Zur weiteren Vertiefung wurden in unserem Projekt im nächsten Schritt Antworten auf folgende vier Fragen gesammelt, die den Bezug zu den beteiligten Einrichtungen herstellten:

- Mit welchen Vätern haben wir es zu tun?
- Welchen Bedarf haben die Väter bei uns?
- Welchen Bedarf haben wir?
- Wie leisten wir einen Beitrag zur Bewältigungskompetenz der Väter?

### 4.2.2 Mit welchen Vätern haben es die Einrichtungen zu tun?

Die teilnehmenden Einrichtungen haben es zumeist mit neu konfrontierten Vätern von kleinen Kindern zu tun. Sie beschreiben sie als zunächst unter Schock stehend und oftmals hin- und hergerissen zwischen den Bedürfnissen der Frau und denen der Kinder. Es herrscht Unsicherheit über die Zukunft, die bei einer unklaren Diagnose zusätzlich erhöht wird. Wir hatten es aber auch mit Vätern zu tun, deren Kinder mittlerweile erwachsen sind und nicht mehr zu Hause leben. Ein Vater hat zum ersten Mal an einer Veranstaltung teilgenommen als sein Sohn 30 Jahre alt war.

Auch wenn wir überwiegend Väter aus der Mittelschicht erreichen konnten, so haben die Kolleginnen und Kollegen aus den Einrichtungen mit Vätern aus allen Milieus zu tun, teilweise auch mit weiteren Risiken belasteten (z. B. Suchterkrankung, Armut, psychische Erkrankung). Während die Väter aus einer Einrichtung im bayerischen Oberland überwiegend als der unteren Mittelschicht zugehörig, sehr bodenständig, in traditionellen Strukturen mit traditionellem Rollenbild und kirchlich verhaftet beschrieben wurden, besteht bei der Nachsorgeeinrichtung aus einer schwäbischen Großstadt eine größere Vielfalt. Diese ist v. a. durch ein Stadt-Land-Gefälle sowie einen größeren Anteil von Vätern mit Migrationshintergrund, die wenig integriert und isoliert sein können, gegeben. Türkische Väter werden von den Fachkräften oftmals als Kontrollinstanz ihrer Frauen sowie ihres eigenen fachlichen Handelns erlebt. Die städtischen Eltern sind oft neu zugezogen, sehr belesen und strukturiert in der Lebensplanung. Gerade sie werden durch die Behinderung ihres Kindes aus der Bahn geworfen, da es die Lebensplanung erschüttert.

Die Väter werden als sehr unter Druck stehend wahrgenommen. Sie sind die Versorger, die für den Familienunterhalt verantwortlich sind. Wie in der Literatur werden sie auch von den Fachkräften als sehr unterschiedlich beschrieben. Ein Unterscheidungsmerkmal dabei ist, wie lange sie brauchen, um sich mit der Behinderung ihres Kindes zu arrangieren. Oftmals setzen sie sich über das Internet mit der Behinderung auseinander und/oder neigen zur Verdrängung. Die Einschätzung der Fachkräfte deckt sich dabei weitgehend mit dem, was die Väter in den Interviews selbst berichteten (Kapitel 3.4). Auch alleinerziehende Väter bzw. getrennt lebende Väter kommen vor. Es kann auch sein, dass die Väter nicht präsent sind und die Einrichtungen daher nichts über sie wissen. Haben Familien finanzielle Probleme, dann kommen die Väter meist mit. Dabei werden sie sowohl sehr fordernd in Bezug auf Geld oder die Nutzung des Sozialsystems erlebt als auch sehr zurückhaltend in der Beantragung von Geld- oder Sachmitteln.

### 4.2.3 Welchen Unterstützungsbedarf sehen die Einrichtungen bei den Vätern?

Nach Einschätzung der Fachkräfte aus den Einrichtungen, die mit Kindern mit Behinderung arbeiten, brauchen die Väter jemanden, der da ist, bei dem sie erzählen dürfen, der ihnen zuhört und Interesse an ihrer Situation zeigt. Sie brauchen einen feinfühligen und empathischen Beratungsdienst, wenn möglich durch einen Mann, der sie zu ihrer individuellen Situation, z. B. zur Organisation des Alltags (familiär/beruflich) und entsprechend ihrer Bewältigungsphase berät. Sie haben einen Informationsbedarf z. B. über die Erkrankung oder Behinderung ihres Kindes, zur Konkretisierung der Erstdiagnose und zur Prognose, ebenso zu sozialrechtlichen Themen, zu finanziellen Fragestellungen und zu (weiteren) Ansprechpartner(inne)n sowie zu den Abläufen in der Klinik. Die Väter suchen Antworten auf ihre Fragen wie z. B.: Was macht die Situation im Allgemeinen mit Menschen, was kommt auf uns zu, muss ich da dabei sein? Dafür braucht es eine väterfreundliche Zeit, die nicht mit der Arbeitszeit kollidiert, sowie Gelegenheitsstrukturen für Gespräche. Einige Väter benötigen eine Entlastung von Schuld, und oftmals gilt es, den Erholungsaspekt zu beachten, was z. B. bedeuten kann, dass sie sich eine „Erlaubnis, sich krankschreiben zu lassen" bei den Fachkräften holen.

### 4.2.4 Warum sind die Väter den Fachkräften wichtig?

Bei dieser Fragestellung bestätigte sich auch in unserer Untersuchung, dass zumeist die Mütter in den Einrichtungen präsent sind. Die Väter glänzen meist durch Abwesenheit. Den Fachkräften ist es auf einer allgemeinen Ebene wichtig, häufiger mit den Vätern in Kontakt zu kommen und die Basis für eine „Arbeitsbeziehung" herzustellen. Ziel ist es, die Väter zu einer häufigeren Präsenz zu motivieren, damit auch sie die Angebote der Fachkräfte wahrnehmen und wertschätzen. Wichtig sind die Väter den Fachkräften aus verschiedenen inhaltlichen Gründen, die sich weitgehend mit der in Kapitel 3 ausgeführten Bedeutung der Väter decken.

So wäre es gut für die Diagnostik, nicht nur über die Mütter Informationen zur Einschätzung der Situation des Kindes, zum Familienkontext und zum Befinden der Väter selbst zu bekommen. Für die Entwicklung des Kindes ist die Anwesenheit des Vaters wichtig, da er dem Kind andere Beziehungserfahrungen ermöglicht und auch bei der Abgrenzung von der primären Bezugsperson Mutter hilft. Für die Frauen kann die aktive Präsenz der Väter eine Entlastung im Familienalltag darstellen.

Die professionelle Unterstützung durch Fachkräfte der Einrichtungen gibt den Vätern eine Orientierung in ihrer aktuellen Lage und ermutigt sie darin, sich Hilfe holen zu dürfen. Fachkräfte unterstützen die Väter dabei, mit der Behinderung ihres Kindes im sozialen Umfeld umzugehen und helfen ihnen, die Bedeutung und die Folgen der Behinderung für die Familie zu thematisieren. Sie bieten Einzelgespräche an und unterstützen ggf. den Austausch mit anderen Vätern/Familien. Direktives, wertschätzend begründetes Vorgehen kann die Väter entlasten und Unterstützungsstrukturen vermitteln.

Für die gesamte Familie ist es hilfreich, wenn Mütter *und* Väter die Verantwortung für das behinderte Kind gemeinsam tragen. Deshalb ist es aus professioneller Sicht wichtig, auch die Väter im Blick zu haben und ihnen qualifizierte Unterstützung anzubieten. Dabei gilt es, die Väter wertzuschätzen und ihren oftmals „technischen", aber auch durchaus vernünftigen Zugang als Kompetenz wahrzunehmen und ihnen zu vermitteln, dass sie mit ihren Sichtweisen und Bewertungen wichtig sind und ernst genommen werden.

Letztlich ist es so, dass psychosoziale Arbeit nur gut gemeinsam mit den Betroffenen realisiert werden kann. Wichtig ist mit ihnen zu sprechen, nicht über sie, sie zu fragen, nicht die Antworten schon zu kennen, ihnen Zeit zu geben und nicht zur „Annahme" ihres Kindes zu drängen, ihre Kompetenzen zu schätzen und nicht als Aktionismus abzutun. Voraussetzung für eine gelingende Familienberatung ist deshalb, dass alle Akteure miteinander in Beziehung treten. Nicht zuletzt deshalb werden Väter in den Einrichtungen und von den Fachkräften gebraucht.

### 4.2.5 Welche Zugangsbarrieren für Väter sehen die Fachkräfte?

In den Äußerungen der Fachkräfte konnten wir immer wieder feststellen, dass sie Zweifel an der grundsätzlichen Bereitschaft der Väter hegen, sich aktiv auf professionelle Beratungsangebote einzulassen. Zwar werden organisatorische und institutionelle Anpassungen an die Bedürfnisse und Lebenssituation der Väter als hilfreich eingeschätzt, um diese besser erreichen zu können. Genannt werden hier etwa verständnisvolle Arbeitgeber, die eine häufigere und kontinuierliche Anwesenheit der Väter in den Einrichtungen ermöglichen (z. B. auch die Aufnahme der Väter im Krankenhaus während der stationären Unterbringung der Kinder). Gleichzeitig wird aber bezweifelt, dass Väter entsprechende Möglichkeiten auch nutzen würden. Als Erfahrungshintergrund hierzu wird beispielhaft genannt, dass Väter vermutlich auch Abend- oder Wochenendöffnungszeiten nicht nutzen würden. Beleg dafür ist die Erfahrung, dass auch Väter mit Schichtdienst, die tagsüber Zeit hätten, nicht mit zu den Förder- oder Therapieterminen der Kinder kommen und auch sonstige Angebote nicht häufiger nutzen als die anderen Väter. Aus unserer Sicht ist diese Argumentation problematisch, weil sie schon vorab bedürfnisorientierteren Angeboten wenig Sinnhaftigkeit zuspricht. Konzeptionelle und organisatorische Anpassungen der Angebote an die Bedürfnisse der Väter sind bei dieser handlungsleitenden Orientierung keine zielführende Option und werden deshalb gar nicht in Betracht gezogen.

Als sinnvoll dagegen sehen die Fachkräfte die Option, dass Väter zunächst zu den gemeinsamen Terminen mit ihren Frauen und Kindern kommen würden, damit es dadurch möglich wird, die Väter überhaupt kennenzulernen. Spezielle Angebote für sie wären dann der zweite Schritt.

Um die Väter besser erreichen zu können, wären darüber hinaus ein Zugriff auf Helfende, die unterstützend in den Familien tätig werden können, mehr männliche Mitarbeiter sowie ein besserer Personalschlüssel in der Einrichtung erforderlich. Dies würde wiederum eine bessere Finanzierung voraussetzen. Erfahrungen aus einem anderen Bereich liegen dazu aus dem Projekt in der Schweiz vor, das sich an psychosozial stark belastete Familien richtet. Um die Familien frühzeitig zu erreichen, wurden durch die Fachkräfte der Mütter- und Väterberatung erhöhte Anstrengungen unternommen. Sie haben mehrere Schleifen eingezogen mit Besuch der Familien und Nachfrage beim Kinderarzt und damit 40 % der teilnehmenden Familien erreicht (Neuhauser et al. 2018).

Väter sollten bei Einladungen direkt angesprochen werden, z. B. liebe Frau ... lieber Herr ... statt liebe Eltern oder liebe Familie. Dann fühlen sie sich in ihrer Bedeutung als Vater und weniger als Anhängsel der Mütter angesprochen. „Schön, dass Sie da sind!" hat eine andere Wirkung als „Schön, dass Sie mitgekommen sind!"

## 4.3 Gestaltungsmöglichkeiten bei der Planung und Durchführung von Veranstaltungen

Im Bereich der Familienbildung steht ein breites Spektrum von Veranstaltungsformaten zur Verfügung, das auch im Rahmen der Angebotsentwicklung für Väter von Kindern mit Behinderung genutzt werden kann. Die Merkmale dieser Angebote haben einen großen Einfluss darauf, ob sie für die Zielgruppe der Väter interessant sind und entsprechend genutzt werden (Schäfer/Schulte 2016). Durch die Wahl eines geeigneten Settings haben Einrichtungen die Möglichkeit, ihre Zielgruppe gezielt mit attraktiven Angeboten und Rahmenbedingungen anzusprechen.

Grundsätzlich kann Väterarbeit nur erfolgreich sein, wenn sie familienorientiert und mütterfreundlich ist. Denn Mütter können Brücken bauen, aber auch Barrieren errichten, wenn sie nicht einbezogen werden (Kapitel 4.3.8). Als ein wesentliches Auswahlkriterium ist deshalb anzusehen, wer aus den Familien an dem Angebot teilnehmen soll.

Der Kreis der Teilnehmenden lässt sich danach unterscheiden, ob die ganze Familie, nur die Eltern, nur die Väter mit den Kindern oder die Väter allein angespro-

**Tab. 4.4:** Grundsätzliche Vor- und Nachteile von Veranstaltungsformen (Quelle: Eigene Darstellung).

| Angebotsform | Vorteile | Nachteile | Beispiele |
|---|---|---|---|
| Familienveranstaltungen (am Wochenende) | – leichtere Vereinbarkeit von Beruf und Familie<br>– Spaß in der Gruppe mit Kindern<br>– Austausch mit anderen Familien | – Gefahr, dass Väter ihren Partnerinnen den Austausch überlassen und sich selbst zurückziehen | – Familienwanderungen (u. a. auch mit Tieren)<br>– Familienfreizeiten in der Langau |
| Vater-Kind-Veranstaltungen (am Wochenende) | – Väter können aktiv die Beziehung zu ihren Kindern gestalten<br>– auch mit knapper Freizeit möglich<br>– gleichzeitig Möglichkeit der Entlastung der Mutter | – Gefahr, dass Austausch durch die Betreuungsaufgaben kaum möglich ist | – Vater-Kind-Outdoor-Wochenende<br>– Vater-Geschwisterkind-Raftingtour<br>– Vater-Kind-Nachmittage<br>– Vater-Kind-Wanderungen |
| Veranstaltungen für Väter | – Möglichkeit zum intensiveren Austausch unter den Vätern<br>– Väter stehen im Mittelpunkt | – wird bisher von Vätern kaum nachgefragt<br>– Väter fehlen in der Familie | – Wandertouren für Väter<br>– thematische Seminare und Workshops für Väter |

chen werden sollen. Erfahrungsgemäß ergeben sich bei diesen unterschiedlichen Angebotsformaten typische Vor- und Nachteile, die aus Tabelle 4.4 ersichtlich werden.

### 4.3.1 Ziele und Formate der Veranstaltungen

Ausgangspunkt für die Planung von Veranstaltungen für Väter von Kindern mit Behinderung sind die Ziele, die damit erreicht werden sollen. Ausgehend von den Aufträgen
der Einrichtungen können sie sehr unterschiedlich sein und grundsätzlich folgende
Aspekte umfassen:

– *Informationsveranstaltungen:* Hier steht die Wissensvermittlung im Zusammenhang mit der Behinderung des Kindes im Vordergrund (Auswirkungen der Behinderung, unterstützende Maßnahmen, Umgang mit Behörden und Versicherungen, Fragen der Integration, Schul- und Berufsausbildung etc.).
– *Freizeit- und Ferienangebote:* Hier stehen Erholung und Entspannung im Vordergrund. Bei Familienfreizeiten erleben sich die Familienmitglieder in entspannter
  Atmosphäre und können das Familienleben außerhalb des Alltags genießen.
– *Austausch und Gesprächsveranstaltungen:* Im Mittelpunkt steht der Austausch
  über die Lebens- und Familiensituation, das eigene Erleben und die psychische
  Befindlichkeit.
– *Veranstaltungen mit handwerklichen Tätigkeiten:* Gemeinsames Erleben, Reden
  und Austausch ergeben sich hier automatisch oder unterstützt durch Fachkräfte gleichsam nebenbei. Denkbar sind Bau- und Renovierungsarbeiten in
  den Einrichtungen, angeleitete Handwerkerkurse, wie etwa beim Bau eines Bo-
  gens etc.
– *Erlebnispädagogische Veranstaltungen:* Hier geht es darum, gemeinsame Erfahrungen in neuen, auch herausfordernden Situationen und sozialen Zusammen-
  hängen zu sammeln, sich selbst in der Beziehung zum Kind und das Kind anders
  zu erleben.

Besonders bei erlebnispädagogischen Veranstaltungen und bei Freizeit- und Ferien-
angeboten können Väter soziale Beziehungen mit anderen Vätern und/oder Familien
in vergleichbaren Situationen aufbauen und pflegen.

### 4.3.2 Inhalt und Ausgestaltung der Veranstaltungen

Die Ziele und Formate der Veranstaltungen sind sinnvoll mit geeigneten Inhalten zu
verbinden. Wenn Väter von Kindern mit Behinderung von Fachkräften eingeladen
werden, Angebote der Einrichtungen zu nutzen, erwarten sie naturgemäß, dass es
sich dabei nicht um reine und allgemeine Freizeitangebote handelt, sondern dass ein
Bezug zu ihren Kindern vorhanden ist. Besonders in den Vorinterviews im Rahmen

unseres Projekts nannten die befragten Väter folgende Inhalte, die sie in diesem Zusammenhang für relevant halten:

– *Kennenlernen*: Elemente, die einen Austausch und die Kommunikation fördern, etwas Action (Bootsfahrt, Klettertour) kombiniert mit einer guten und zuverlässigen Versorgung (Betreuung) der Kinder, die den Vätern den nötigen Freiraum verschafft, um sich auf die Angebote einzulassen.

– Eine *gemeinsame Aufgabe* (irgendwas miteinander bauen etc.) ist als Einstieg zum Gespräch und zum Kennenlernen vorstellbar.

– *Erfahrungsaustausch* mit anderen Vätern (Mischung von Leuten mit mehr und weniger Erfahrung im Umgang mit Behinderung).

– Spezielle Themen sind zwar vorstellbar, sinnvoll erscheint vielen aber das allgemeine und gemeinsame Thema *Väter mit Kindern mit Behinderung* zu sein.

– Dabei stehen der *Austausch über Krankheit, Behinderung*, Behindertenausweis, über Behörden, was aktuell ansteht, Tipps im Umgang mit der Krankenkasse etc. im Mittelpunkt des Interesses (evtl. mit kurzen Vorträgen und anschließenden Gesprächsrunden).

Wenn Väter noch nicht an einem Angebot der Einrichtung bzw. der beteiligten Fachkräfte teilgenommen haben, ist die Ankündigung, dort über persönliche Probleme oder Gefühle sprechen zu können, wenig attraktiv. Zielführend kann es allerdings dann sein, wenn die Väter schon häufiger an Familien- oder Väterwochenenden bzw. -wochen teilgenommen haben und bereits ein Vertrauensverhältnis aufgebaut wurde (Kapitel 3.6).

Die Väter haben durchaus Interesse am Austausch, an Kommunikation und Information. Gleichzeitig besteht aber der Wunsch, dass dies eher nebenbei bei gemeinsamen Aktionen geschehen soll. Während Gesprächskreise zu bestimmten Themen durchaus vorstellbar sind, stoßen gezielte problemorientierte Selbsterfahrungsangebote in der Gruppe bei der Mehrheit eher auf Skepsis. Gleichwohl werden intensivere Gesprächsangebote in den Interviews als Option genannt. Angeführt wird, dass Gesprächskreise mehr Ernsthaftigkeit bieten und auch ein emotionaler Austausch zu emotionalen Themen (z. B. Sexualität in der Partnerschaft) für Männer gut wäre. Die Hürde ist allerdings meist zu hoch, um zu sagen, da melde ich mich an. Eingebunden in andere Aktivitäten werden emotionale Themen leichter akzeptiert.

### 4.3.3 Leitung der Veranstaltung

Angebote für Väter von Kindern mit Behinderung sind in der Regel keine Selbstläufer. Um Väter gezielt zu erreichen und für die Teilnahme an einer Veranstaltung zu motivieren, sind deshalb explizite Anstrengungen der psychosozialen Fachkräfte erforderlich, die in diesem Kontext auch für die Organisation und Leitung der Veranstaltungen verantwortlich sind. Gleichzeitig ist es jedoch möglich, die Teilnehmer frühzeitig in Planung und Durchführung einzubinden. Deren Bereitschaft, ihrerseits ein Stück Verantwortung zu übernehmen, ist in aller Regel sehr groß. Eine reine Selbstorganisation durch die teilnehmenden Väter ist dagegen erst dann zu erwarten, wenn ein Zusammenhalt gewachsen und ein Netzwerk entstanden ist. Ähnliche Erfahrungen gibt es aus dem Bereich der Selbsthilfe. Hier sind erstmals die Mütter die treibende Kraft, Väter kommen in der Regel später dazu, oftmals wenn eine externe Fachkraft Informationen gibt. Wenn sie die Gruppe kennen, beteiligen sie sich auch sehr engagiert an der weiteren Organisation. Beim Einstieg in Veranstaltungen für Väter ist es sinnvoll, über die flankierende Unterstützung durch eine fachliche Anleitung nachzudenken, wenn bestimmte Kompetenzen gefordert sind. Dabei kann es sich um Erlebnis- und/oder Tierpädagog(inn)en oder auch um Handwerker(inn)en etc. handeln.

Aus solchen organisierten Veranstaltungen und Gruppen können aber durchaus reine Selbsthilfegruppen erwachsen, da Väter den Wert dieses Väternetzwerks erfahren. Dies zu unterstützen und Selbsthilfeinitiativen anzuregen, kann eine wichtige Aufgabe der pädagogischen Fachkräfte sein.

Bei der Einführung von Angeboten und bei der Durchführung von Veranstaltungen empfiehlt sich eine Leitung durch die Fachkräfte der Einrichtungen, wenn spezielle Fachkompetenz erforderlich ist, auch die Hinzuziehung von Expert(inn)en. Um die Autonomie und Selbstorganisation der Väter zu stärken, ist es aber auch sinnvoll, ihnen frühzeitig Gelegenheit zur Eigenverantwortung zu bieten und sie zur Eigeninitiative zu ermutigen. Bei der Planung und Durchführung von Veranstaltungen können die Zielperspektiven „Autonomie- und Selbsthilfeförderung" systematisch berücksichtigt und sensibel unterstützt werden.

### 4.3.4 Grad der Strukturiertheit und Freiräume in der Durchführung

Die Strukturiertheit der Angebote kann sehr unterschiedlich sein. Möglich sind
- Veranstaltungen mit einer fest vorgegebenen Struktur, bei der der Inhalt, die Zielgruppe, der zeitliche Rahmen und die Leitung fest vorgegeben sind,
- Veranstaltungen mit offener Struktur, bei der verschiedene Strukturelemente berücksichtigt werden sollen, aber prinzipiell frei wählbar und gestaltbar sind.

In der Praxis wird sich häufig eine Kombination aus diesen Ausprägungen finden. In der konkreten Ausgestaltung der Veranstaltungen haben die organisierenden Personen – seien es Fachkräfte oder Väter in Eigeninitiative – die Möglichkeit, die Qualitäten der verschiedenen Formate gezielt einzusetzen.

Bei Informationsveranstaltungen ist es sinnvoll in der Ablauforganisation eher klare Strukturen anzubieten. Ähnliches gilt für Veranstaltungen, die nicht lange dauern und trotzdem ein definiertes Programm bieten sollen. Längere Blockveranstaltungen und/oder Wochenfreizeiten bieten mehr Spielraum und entsprechend mehr Möglichkeiten, um die Wünsche der Teilnehmer zu berücksichtigen, ihr aktives Mitwirken zu unterstützen und auch bewusst einen Rahmen und Gelegenheiten für einen intensiven, aktiven Austausch zu schaffen.

### 4.3.5 Zeitlicher Rahmen

Sinnvoll ist bei der zeitlichen Planung der Veranstaltungen, schonend mit dem Zeitbudget der Väter umzugehen. Zu achten ist vor allem auf eine Vereinbarkeit mit beruflichen Verpflichtungen: Das gilt für den Zeitpunkt der Veranstaltung (Vormittag, Abend, Wochenende etc.), aber auch für die Notwendigkeit, Urlaub zu beantragen. Günstig kann hier die Kombination von Wochenenden mit Feiertagen und Brückentagen sein.

- Die Dauer der Veranstaltung kann von 90 Minuten bis zu mehreren Tagen betragen.
- Organisatorisch günstig sind Blockveranstaltungen von zwei bzw. drei Tagen. Dazu bieten sich Wochenenden evtl. unter Einbeziehung von Brückentagen an. Als unterstützend wird eingeschätzt, wenn zeitweise eine Betreuung der Kinder gewährleistet ist.
- Eine weitere Option sind Ferienangebote für die ganze Familie, die eine Betreuung der Kinder, getrennte (Gesprächs-)Angebote für Frauen und Männer und die Möglichkeit gemeinsamer Freizeit (z. B. um abends weggehen zu können) umfassen.
- Es kann sich dabei um eine einmalige Veranstaltung oder um regelmäßige Veranstaltungen mit unterschiedlichen Abständen (wöchentlich bis jährlich) über einen bestimmten Zeitraum handeln. Denkbar ist dabei auch eine verpflichtende Teilnahme.

### 4.3.6 Ort

Bei der Wahl des Ortes sind mehrere Ausgangsüberlegungen maßgebend, denn sie ist abhängig von der zeitlichen Dauer, der Mobilität der Kinder und auch den väterlichen Wünschen nach Komfort.

- Die Entfernung vom Wohnort kann variieren (nah oder fern), je länger das Angebot dauert, desto weiter kann die Entfernung sein.
- Die Veranstaltung kann in einer vertrauten Umgebung, z. B. in den Räumen bzw. auf dem Gelände der betreuenden Einrichtung (z. B. im Garten in Zelten übernachten) stattfinden. Bei mehrtägigen Veranstaltungen empfiehlt es sich, geeignete Veranstaltungshäuser zu nutzen. Dies gilt auch, wenn sich bei der Veranstaltung bestimmte organisatorische und ausstattungsbezogene Anforderungen ergeben.

– Mit der Entscheidung für einen Veranstaltungsort geht häufig auch die Frage einher, ob die Versorgung selbst organisiert werden muss oder nicht. Häuser mit Vollversorgung haben den Vorteil, dass den teilnehmenden Vätern diese Aufgabe abgenommen wird. Selbstversorgung dagegen bietet u. U. neue Möglichkeiten der Selbst- und Gruppenerfahrung.

– Grundsätzlich können die Veranstaltungen innen und/oder in der freien Natur durchgeführt werden. Gerade bei erlebnispädagogischen Maßnahmen bietet sich eine Durchführung im Freien an. Bei der Teilnahme von Kindern mit Mobilitätsbeeinträchtigung ist darauf zu achten, dass die Räumlichkeiten, das Gelände und die Ausstattung barrierefrei sind.

– Um sicherzustellen, dass die Väter auch den Freiraum haben, sich ohne die Kinder zu treffen und auszutauschen, ist es hilfreich, wenn am Veranstaltungsort die Möglichkeit der Kinderbetreuung gegeben ist. Das betrifft sowohl die Räumlichkeiten als auch die Präsenz von Mitarbeitenden und/oder Ehrenamtlichen, die die Betreuung übernehmen können.

Für erlebnisorientierte Veranstaltungen und Freizeitangebote ist es empfehlenswert, naturbezogene Rahmenbedingungen zu wählen. Dazu ist es sinnvoll, auf bewährte Veranstaltungsorte zurückzugreifen, die barrierefrei sind und bei Bedarf eine Kinderbetreuung sicherstellen.

### 4.3.7 Wie gelingt es, Väter für Veranstaltungen zu interessieren?

Väter, so hat sich auch in unserer Untersuchung gezeigt, haben grundsätzlich ein großes Interesse daran, gemeinsam mit ihren Kindern etwas zu unternehmen und dabei auch den Alltag einmal hinter sich zu lassen. Dies auch tatsächlich zu tun, setzt jedoch einen Entscheidungsprozess voraus, der von verschiedenen Faktoren abhängig ist.

– *Wunsch der Kinder:* Kinder können die treibende Kraft für eine Inanspruchnahme von Vater-Kind-Veranstaltungen sein. Sie genießen es, mal mit dem Vater allein etwas zu unternehmen, das ihren Müttern u. U. gar nicht so viel Spaß macht. In der Euphorie eines Vaters, wenn er von den Veranstaltungen erzählt, scheint auch die Freude seiner Tochter durch, die er dabei anspricht.

> Wo waren wir denn noch? Beim Kegeln waren wir, war Kegeln gut? Kegeln war gut, gell. Das war, glaub ich, der beste Tag noch. Dann waren wir letztens beim Angeln. (Vater E)

– *Finanzielle Ressourcen:* Selbstverständlich dürfen die Kosten der Veranstaltungen den finanziellen Rahmen der Familien nicht übersteigen, und die Kosten-Nutzen-Bilanz der Väter sowohl aus finanzieller als auch zeitlicher Sicht muss positiv ausfallen. Unterstützend können die Einrichtungen hier tätig werden, indem sie den Familien bei der Beantragung von finanziellen Zuschüssen helfen.

– *Zeitliche Ressourcen:* Die Veranstaltung darf die zumeist knappen zeitlichen Ressourcen der Väter für Familie, Partnerschaft, Kinder und sich selbst nicht zu stark. beanspruchen. Als Grundvoraussetzung bedarf es frei verfügbarer Zeit. In (akuten) Belastungsspitzen ist diese stark eingeschränkt, und oftmals dreht sich alles um die Unterstützung und Versorgung des behinderten Kindes. Freizeitangebote haben in diesen Phasen nur eine nachgeordnete Bedeutung und dürften kaum genutzt werden.

Wenn Einrichtungen Väter von Kindern mit Behinderung ermutigen wollen, entsprechende Veranstaltungen zu besuchen, müssen die Fachkräfte in Rechnung stellen, dass dazu eine freiwillige Entscheidung der Väter erforderlich ist. Die Väter müssen einerseits wissen, dass es diese Angebote gibt und andererseits davon überzeugt sein, dass es sinnvoll und attraktiv ist, diese Angebote auch in Anspruch zu nehmen. Die Bewerbungsstrategien unterscheiden sich dabei nach Art der Einrichtungen.

Familien- und Elternbildungsstätten können auf ihre üblichen Vorgehensweisen zurückgreifen. Hierbei zeigt sich allerdings in der Regel das grundlegende Problem, dass Männer und Väter eher schwer zu erreichen sind. Hilfreich können hier bewährte Bewerbungsstrategien sein (ansprechende, professionelle Fotos, ein möglichst knapper Text, der die Fotos entsprechend ergänzt und die Attraktivität der Veranstaltung unterstreicht). Angesichts der Individualisierung von Interessen und Freizeitmöglichkeiten dürfte es über diesen Weg allerdings schwierig sein, gerade Väter von Kindern mit Behinderung zu erreichen und für eine Teilnahme zu motivieren, weshalb eine Kooperation mit Einrichtungen, in der die Kinder betreut und gefördert werden, zu empfehlen ist.

Für Einrichtungen, die die Kinder und die Familien bereits betreuen, ist es grundsätzlich leichter, Väter zu erreichen. Bei ihnen geht es darum, die vorhandene und klar definierte Zielgruppe der Väter der betreuten Kinder gezielt anzusprechen und zu motivieren. Dabei kann der bestehende Kontakt, der immer über die Kinder und in den meisten Fällen über die Mütter gegeben ist, genutzt werden, um die Väter zu informieren, sie einzuladen und zu motivieren. Als Argumentationslinie kann dann alles genutzt werden, was die Chancen und Vorteile der Veranstaltungen unterstreicht: Spaß haben, die Kinder neu erleben, Freunde der Kinder und deren Väter kennenlernen, sich zwanglos austauschen, etwas über die Lebenssituation Gleichgesinnter und ebenfalls von Behinderungen in der Familie betroffener Väter erfahren etc. Die Kunst der Informationsvermittlung und Motivation besteht hier darin, die mit den Veranstaltungen verbundenen, professionell definierten Potenziale aufzuzeigen, ohne durch defizitorientierte Formulierungen abzuschrecken.

Beim Entwickeln und Anbieten entsprechender Angebote können die betreuenden Einrichtungen der Frühförderung, der Behindertenhilfe und -beratung auf die Veranstaltungen und Veranstaltungsformate von Bildungseinrichtungen und -projekten zurückgreifen. Mit der Fachstelle Väterarbeit in der Langau steht zudem eine

Unterstützungsplattform zur Verfügung, die sowohl Kontakte zu Bildungsträgern vermittelt als auch selbst bei der Realisierung von Projekten unterstützt. In diesem Zusammenhang kommen dann wieder die bewährten Marketingstrategien zum Einsatz.

### 4.3.8 Die Mütter als zentrale Vermittlerin explizit miteinbeziehen

Die alltägliche Betreuung von Kindern liegt häufig im Zuständigkeitsbereich der Mütter. Sie sind es gewohnt, dies als ihre Aufgabe zu definieren und sehen sich entsprechend oft in der Verantwortung. Erfahrungsgemäß sind es auch die Mütter, die Kontakt zu den Einrichtungen halten und erste Ansprechpartnerinnen für die Fachkräfte sind. Häufig sind es auch sie, die einen Kontakt der Fachkräfte zu den Vätern vorbereiten, unterstützen und herstellen. Die Mütter können die Väter vor allem dazu motivieren, Einladungen seitens der Einrichtungen auch anzunehmen. Mit Schäfer (2016) kann hier noch einmal festgehalten werden, dass erfolgreiche Arbeit mit Vätern familienorientiert und deshalb auch mütterfreundlich sein muss. Deshalb sollten auch die Bedürfnisse und Wünsche der Mütter bei der Planung und Durchführung von Angeboten konzeptionell berücksichtigt werden. Auch unsere Erfahrung zeigt, dass Mütter sehr gut Brücken bauen, aber auch Barrieren aufstellen können.

Gerade bei Vater-Kind-Veranstaltungen meldeten Mütter gelegentlich Bedenken dagegen an, dass sie selbst nicht teilnehmen sollten. Dabei äußerten sie meist die Befürchtung, dass die Kinder nicht ausreichend und angemessen durch die Väter betreut werden. Die Leiterin eines integrativen Kindergartens schildert entsprechende Erfahrungen mit manchen Müttern bei der Vorbereitung einer Vater-Kind-Übernachtung auf dem Gelände der Einrichtung folgendermaßen:

> Wir haben das eben für die Kinder, für die Vorschulkinder so als eine der letzten Aktionen hier im Haus angeboten, da unser Garten ja sehr groß ist, und viele Räumlichkeiten bietet. Da haben wir gesagt, ist ja kein Problem. Und das fand dann einen guten Anklang, es war dann schwierig – nicht von den Vätern, die waren hellauf begeistert, und vor allen Dingen die Kinder waren begeistert, was mit dem Papa zu machen. Aber die Mamas – es gab dann Mamas, die hatten wirklich ein Riesenproblem: Das geht nicht, ja, der Papa kann das nicht, und sie bringen doch immer die Kinder ins Bett, und sie kommen dann dazu und sie wollen dann dazukommen […] dann kommen sie zum Frühstück dazu und richten das Frühstück. Also die – es war für einige Mamas ganz, ganz schwierig, sich da jetzt rauszuhalten: Ja, und was mach' ich dann an dem Abend? Da hab' ich g'sagt, dann haben Sie mal einen freien Abend. (Leiterin integrativer Kindergarten)

Für diese Mütter war es eine neue Erfahrung, dass der Vater durchaus in der Lage ist, die Kinderbetreuung allein verantwortungsvoll zu übernehmen. Dabei kann es durchaus auch vorkommen, dass sie dieser Erfahrung positive Seiten abgewinnen.

> Meine Frau ist da nicht so wirklich begeistert, weil – gut, da muss man dazu sagen, dass sie da ein bisschen einen anderen kulturellen Hintergrund hat […] und da ist das halt nicht so wirklich

angesagt, dass mal einer was alleine macht mit dem Kind. Und ihr wär's lieber gewesen, wenn sie dabei gewesen wär' [...] Ja, aber sie hat sich dran gewöhnt und findet's inzwischen eigentlich gar nicht so schlecht, wenn wir mal weg sind. Einfach mal Ruhe. (Vater I)

Während dieser Vater die zunächst vorhandenen Vorbehalte seiner Frau beschreibt, berichten andere Väter, dass ihre Partnerinnen eigentlich die treibende Kraft für den ersten Besuch einer Vater-Kind-Veranstaltung waren, sich auch nicht scheuten, ihre Männer anzumelden.

Also bei meiner Frau weiß ich bloß, dass sie gesagt hat, Mensch, find' ich super, dass mal die Väter in die Pflicht genommen werden, sonst wäre das ja immer eher so eine Veranstaltung für die Mütter. Und soweit ich das jetzt bei der Linda festgestellt hab, hat die das auch immer ganz toll gefunden, dass sie mal wirklich ein paar Stunden ganz allein mit dem Papa irgendwo ist und da dementsprechend was tun oder machen kann. (Vater F)

### 4.3.9 Zusammenschau

*Väterangebote in den betreuenden Einrichtungen:*
Einrichtungen, die ihre Angebote stärker auf die Väter von Kindern mit Behinderung zuschneiden wollen, werden sich in erster Linie an den Bedürfnissen orientieren, die sie bei den Vätern erwarten. Bei der Planung von Veranstaltungen ergibt sich dabei der Vorteil, dass die Fachkräfte bereits Kontakt zu den Familien haben und deren Lebenssituation im Wesentlichen bereits kennen. Dies betrifft die allgemeine Situation der Familie (u. a. Wohnverhältnisse, Familienkonstellation, Geschwisterkinder, berufliche Situation der Eltern und damit auch der Väter), deren Kinder sie betreuen. Darüber hinaus wissen sie gut über die behinderten Kinder und deren Schwächen und Stärken Bescheid. Bei der allgemeinen Konzeption von Angeboten und der Werbung dafür können sie auf dieses Wissen zurückgreifen und auch Väter bzw. Familien gezielt ansprechen. Bei der Konkretisierung der Veranstaltungen ist es in jedem Fall erforderlich, die Familien als Ganzes sowie die Mütter und die Väter persönlich anzusprechen, um ihre Interessen und Wünsche abzufragen und sie für eine Teilnahme zu motivieren.

Unabhängig davon, ob sich das Angebot nur an Väter, an Väter und Kinder oder die ganze Familie richtet, ist es bei der Zusammenstellung des Teilnehmerkreises sinnvoll, über die Konstellation nachzudenken, die sich mit den teilnehmenden Kindern ergibt. Dabei haben folgende Punkte einen Einfluss:
- Haben die Kinder verschiedene, ähnliche oder vergleichbare Behinderungen?
- Sind die Kinder etwa im gleichen Alter oder ist von einer größeren Altersspanne auszugehen?
- Wie lang sind die Väter bereits mit der Behinderung ihres Kindes konfrontiert? Haben sie bereits einen längeren Erfahrungshintergrund im Umgang mit der Behinderung oder wurden sie erst kürzlich damit konfrontiert?

*Väterangebote von Bildungseinrichtungen:*
Bei Einrichtungen der Familien- und Väterbildung ergeben sich die Kontakte zu den Vätern nicht über die betreuten Kinder, sondern über allgemeine Öffentlichkeitsarbeit, über die Kooperation mit anderen Einrichtungen und/oder über bereits vorhandene Kontakte aus früheren Veranstaltungen. Eine Erleichterung des Zugangs ist sicherlich über bestehende Vertrauensverhältnisse und bereits besuchte Veranstaltungen gegeben. Gute Möglichkeiten ergeben sich auch bei der Kooperation mit Betreuungseinrichtungen, die die Väter bzw. die Mütter für die Inanspruchnahme der Angebote motivieren können. Für Einrichtungen der Behindertenhilfe empfiehlt es sich, mit Einrichtungen der Familien-, Eltern- und Väterbildung zu kooperieren, um Unterstützung durch einen Experten abzurufen und dessen Kompetenzen und Erfahrung zu nutzen. Besonders beim Weg über die allgemeine Öffentlichkeitsarbeit ist es erforderlich, die Chancen und die Attraktivität der Veranstaltungen prägnant herauszuarbeiten.

Darüber hinaus können auch Kooperationen mit anderen Einrichtungen eingegangen werden. Als besonders gelungene Veranstaltung haben Väter und ihre Kinder Chemie-Experimente eines gymnasialen Praxisseminars empfunden, die Schüler/-innen der 12. Klasse extra für die Gruppe Väter von Kindern mit Behinderung entwickelt haben. Auch auf solches „Expertentum" können Fachkräfte zurückgreifen.

## 4.4 Erfahrungen mit verschiedenen Angeboten – die Sicht der Väter

Die von uns befragten Väter haben Angebote wahrgenommen, die im Kontext des Projekts gemeinsam mit den kooperierenden Einrichtungen entwickelt und durchgeführt wurden. Das bedeutet einerseits, dass sie eher zu der Gruppe von Vätern gehören dürften, die offen für entsprechende Angebote sind und sich darauf einlassen. Andererseits bestand bei den meisten bereits ein – wenn auch loser – Kontakt zu den Einrichtungen und/oder zum Mitarbeiter der Fachstelle. In den Interviews wurde auch erkennbar, dass sie grundsätzliches Vertrauen zu den beteiligten Personen und der Sinnhaftigkeit der Angebote hatten. Wir erhielten aber auch Hinweise darauf, unter welchen Bedingungen sich Väter gegen die Nutzung von Angeboten entscheiden.

### 4.4.1 Veranstaltungen nur für Väter werden kaum nachgefragt

Im Kontext des Projekts ist es trotz dieser an sich guten Voraussetzungen nicht gelungen, Veranstaltungen für Väter allein – ohne Familie oder Kinder – erfolgreich anzubieten. Bei einem Grillabend für Väter erschien lediglich ein einziger Vater. Die anderen Einrichtungen verzichteten, auch vor diesem Erfahrungshintergrund, auf die Planung und Durchführung vergleichbarer Veranstaltungen. Hintergrund war die Erwartung und Befürchtung, dass nicht genügend Väter für eine Teilnahme gewonnen werden können.

Damit bestätigt sich die grundsätzliche Schwierigkeit, Männer für Angebote der Erwachsenenbildung, aber auch für männerorientierte Freizeitveranstaltungen zu gewinnen. Bei den Vätern von Kindern mit Behinderung verschärft sich diese Problematik, da die Gefahr einer zusätzlichen Selbststigmatisierung droht. Väter sehen sich möglicherweise nicht nur durch das behinderte Kind abgestempelt, sondern auch dadurch, dass sie deshalb auch für sich selbst Unterstützung suchen sollen. Um derartige Selbsteinschätzungen zu vermeiden bzw. zu überwinden, werden hohe Anforderungen an die Selbstreflexion und das Selbstbewusstsein der Väter gestellt. Das erfordert allerdings eine aktive Auseinandersetzung mit der Thematik, Vater eines behinderten Kindes zu sein. Ohne professionelle Unterstützung oder die Einbindung in eine Selbsthilfegruppe ist das allerdings sehr schwer. Dies wiederum setzt positive Vorerfahrungen und ein Basisvertrauen in die Anbieter der Veranstaltungen und die möglichen Teilnehmer voraus. Hilfreich sind hier Gesprächsrunden für Väter, die in Familien- und/oder Vater-Kind-Veranstaltungen eingebettet sind.

Ansatzpunkte für ein gelingendes Ansprechen von Vätern von Kindern mit Behinderung ergeben sich darüber hinaus bei Angeboten, die nicht mit Stigmatisierungen verbunden sind. Bewährt haben sich hier Veranstaltungen, bei denen die Väter explizit mit ihren Kompetenzen und Stärken angesprochen werden, z. B. bei Renovierungs- und Instandhaltungsarbeiten in den Einrichtungen. In einer am Projekt beteiligten Einrichtung hat sich eine Vätergruppe etabliert, die bei der Gestaltung und Instandhaltung des Freigeländes einer Therapieeinrichtung regelmäßig mitarbeitet. Hinzu kommt, dass die Väter hier die Möglichkeit haben, mit ihrem Engagement den Einrichtungen als Anerkennung für die gute Betreuung der Kinder etwas zurückzugeben. So äußerte das zumindest ein Vater, der mit anderen Vätern mehrmals im Jahr bei Instandsetzungs- und Erhaltungsarbeiten mitwirkt. Bewährt haben sich hier, wie generell bei ehrenamtlichen Tätigkeiten, projektorientierte und zeitlich begrenzte Veranstaltungsformate. Außerdem haben sich in der Erwachsenenbildung mit Männern auch handwerklich ausgerichtete Angebote, z. B. ein Bogenbaukurs oder Holzfällerkurs bewährt. Hier scheint es aber nicht sinnvoll zu sein, ausschließlich Väter von Kindern mit Behinderung anzusprechen, da bei dieser begrenzten Zielgruppe erfahrungsgemäß nicht genügend Teilnehmer gewonnen werden können. Bei diesen sehr spezifischen Angeboten ist angesichts der hohen Individualisierung der Lebensperspektiven auch nicht zu erwarten, dass in einer einzelnen Einrichtung genügend Teilnehmer gewonnen werden können. Erfolg versprechender ist ein derartiger Kurs, wenn er von der Fachstelle Väterarbeit angeboten wird, bei dem ein breiter Verteiler genutzt werden kann.

Generell stehen diese handwerklichen Angebote für Väter allein in Konkurrenz zu Vater-Kind-Veranstaltungen, wenn die Kinder schon etwas größer sind. Denn dann sind die Angebote auch für sie attraktiv und die Väter schätzen die Möglichkeit, etwas gemeinsam mit ihren Kindern zu unternehmen.

### 4.4.2 Familienveranstaltungen als erster Zugang zu Vätern

Mit dem Angebot von Familienveranstaltungen wurde vor allem das Ziel verfolgt, über die Familien einen intensiveren Kontakt zu den Vätern herzustellen und einen Austausch zwischen den Familien und den Vätern zu ermöglichen und zu unterstützen. Zu diesen Vätern bestand aufgrund der Betreuung der Kinder bereits Kontakt mit der Einrichtung, teilweise begleiteten die Väter die Kinder zu den Förderungen und therapeutischen Angeboten. Wesentliche Ansprechpartnerinnen aber waren die Mütter, die auch Gesprächsangebote der Mitarbeiter/-innen nutzten. Auch Kontakte zwischen den Familien erfolgten, wenn, dann über die Mütter. Zwischen den Vätern gab es wenig Gelegenheit, sich auszutauschen. Die bewusste Einladung an die ganze Familie, also auch an die Väter, war insofern eine konzeptionelle Erweiterung des Angebots der Einrichtung, die bei den befragten Vätern aus verschiedenen Gründen gut angenommen wurde.

*Sinnvolle Freizeitgestaltung mit der ganzen Familie:*
Für Familien mit behinderten Kindern ist es nicht ohne weiteres möglich, Freiräume für eine interessante Freizeitgestaltung zu schaffen und diese zu realisieren. Einschränkungen ergeben sich aus der erforderlichen Rücksichtnahme auf die Konstitution des Kindes und aus seiner Belastbarkeit. Dadurch entsteht auch zusätzlicher Aufwand bei der Vorbereitung und der Gestaltung von Freizeitaktivitäten. Zudem sind auch die zeitlichen Ressourcen für Freizeitaktivitäten stärker eingeschränkt als bei Familien ohne behinderte Kinder. Dennoch ist für die befragten Väter eine gemeinsame Freizeitgestaltung ein wichtiges Ziel.

> Wir machen dann zwar, was unsere familiäre Situation betrifft, Folgendes, dass am Wochenende wir wirklich gemeinsam was machen. Wir haben ja noch eine zweite Tochter. (Vater F)

Veranstaltungen, die von der Familie gemeinsam genutzt werden, sind für die Väter vor allem deshalb funktional und attraktiv, weil angesichts der beruflichen Einbindung und der alltäglichen Belastung vergleichsweise wenig Zeit bleibt, um gemeinsame Freizeitaktivitäten zu realisieren. Ein Angebot für die ganze Familie ist da grundsätzlich willkommen. Die Väter haben so die Möglichkeit, ihren Kindern etwas anzubieten, was denen Freude macht. Dies gilt sowohl für die behinderten Kinder als auch die Geschwisterkinder.

*Nebeneffekt – Kennenlernen anderer Familien und Möglichkeiten zum Gespräch:*
In diesem organisierten Angebot haben die Väter auch die Gelegenheit, andere Familien kennenzulernen. Durch den gemeinsamen Erfahrungshintergrund, ein behindertes Kind zu haben, wird dabei eine Kommunikationsebene hergestellt, die keine Erklärungen braucht. Fragen nach den Behinderungen der Kinder, ihrem Entwicklungsstand und den daraus resultierenden Alltagsgestaltungen sind legitim und naheliegend. Zu erwarten ist allerdings, dass diese Kommunikation eher durch die

Mütter dominiert wird. Diese haben meist bereits Kontakt zu den anderen Familien und zu den Fachkräften der Einrichtungen. Bei der Familienwanderung einer Einrichtung konnten wir jedoch beobachten, dass sich auch die Väter angeregt unterhielten und Erfahrungen austauschten. Dies geschah allerdings etwas zurückgezogen und am Rande. Die Gelegenheit bot sich, als die Väter während des Nachmittagskaffees die Kinder zum Spielplatz begleiteten. Den Einstieg in das Gespräch bildete der Austausch über die Kinder.

*Gespräche mit den Fachkräften:*
Bei Familienveranstaltungen, die Freizeitcharakter haben, ergeben sich auch Gesprächsmöglichkeiten zwischen den Vätern und den Fachkräften. Charakteristisch ist dabei, dass auf eine Rollendefinition – Väter als Ratsuchende und Fachkräfte als Expert(inn)en – weitgehend verzichtet werden kann. Die Frage nach dem Befinden der Kinder erfolgt nicht in einem „diagnostischen" Kontext und mit einem defizitorientierten Blick, sondern eher wie in einem sozialen Netzwerk. Väter können in ihrer Kompetenz und in ihrer Zuneigung zum Kind wahrgenommen werden. Für sie unangenehme Fragen nach Problemen und Schwächen sind in dieser Konstellation eher nicht zu befürchten. Damit handelt es sich um ein niedrigschwelliges Gesprächsangebot, das die Veröffentlichungsbereitschaft der Väter erhöht und sie so dabei unterstützt, über Dinge zu reden, die sie berühren.

### 4.4.3 Motive für die Teilnahme an Vater-Kind-Veranstaltungen

Bei den Vater-Kind-Veranstaltungen standen die Väter und ihre Beziehung zum Kind naturgemäß stärker im Vordergrund als bei den Familienveranstaltungen. Für Väter und Kinder besteht so die Möglichkeit, mehr Kontakt zu haben und gemeinsam etwas Attraktives zu unternehmen. Bereits in den Vorinterviews unserer Studie zeigte sich eine deutliche Präferenz der befragten Väter für dieses Veranstaltungsformat. Als interessant wurden Angebote bewertet, bei denen es darum geht, zusammen mit den behinderten Kindern etwas zu machen. Nicht umfassen sollten diese Angebote eine dauerhafte separate Betreuung der Kinder, ein „Extraangebot" für Väter, etwa i. S. von besonderen Gesprächskreisen für sie. Der Austausch soll dabei explizit eher nebenbei erfolgen. Von Angeboten mit den Kindern wird eine höhere Intensität erwartet (man kann sich ein Bild machen). Die Väter haben auch keine Angst davor, die alleinige Verantwortung für das Kind zu übernehmen, sondern sehen dies eher als Chance.

Die befragten Väter sehen auch Potenziale darin, wenn Mütter einmal nicht dabei sind. Bei gemeinsamen Aktivitäten von Kindern und Vätern erwarten sie mehr Action und einen schwungvolleren Umgang miteinander. Eine besondere Qualität, da es dann ein wenig lockerer abläuft und nicht alles perfekt sein muss.

> Väter-Angebot, ja. Also keine Mütter dabei, und – vielleicht ist das das, was es so besonders dann macht. Weil, ich glaub' schon, dass Väter anders mit ihren Kindern umgehen als Mütter oder auch

als Väter, wenn die Mütter dabei sind. (Frage: Was ist da anders?) Mein Gefühl ist, dass es einfach ein wenig lockerer abläuft. Ja, hart gesagt. (Vater N)

Die größere Lockerheit der Väter zeigt sich anscheinend auch darin, dass es ihnen leichter fällt als ihren Frauen, ihre Kinder mal für einige Zeit abzugeben, wenn eine zuverlässige Betreuung gewährleistet ist.

Und da haben meines Erachtens – oder das ist halt das, was man dann mal beim Vätertreffen beobachtet: Die Väter haben einfach weniger Bedenken, ihre Kinder abzugehen. Weil, das klappt dann schon irgendwie. Vielleicht nicht perfekt, aber dann ist es halt nicht perfekt! Und da, glaub' ich, sind Mütter ein bissl anders gestrickt. Das muss man dann schon – also a) ist es nicht ganz so einfach, die Kinder da abzugeben, speziell, wenn die noch nicht ein gewisses Alter haben; und b) sollte dann schon wirklich aber auch das so gut wie möglich laufen. Ich glaub', das ist einfach auch so ein bissl das, was sich dann widerspiegelt, wenn Väter mit ihren Kindern ohne Mütter unterwegs sind: dass es halt einfach nicht alles perfekt sein muss [...] Wenn die Windel mal nicht alle drei Stunden gewechselt wird, sondern einmal erst nach vier Stunden, dann ist es kein Beinbruch. Es ist vielleicht nicht der Optimalzustand, aber es funktioniert trotzdem. (Vater N)

Bei der Grundausrichtung der Angebote sollen die Interessen der behinderten Kinder im Vordergrund stehen. Positiv gesehen wird auch, wenn die Geschwisterkinder an den Veranstaltungen teilnehmen.

Angebote, die diese Kriterien erfüllen, stellen für die Väter eine attraktive Option dar, um die Einschränkungen des Alltags hinter sich zu lassen. Der ist von einer begrenzten gemeinsamen Zeit geprägt, die sich aufgrund der Arbeit der Väter meist auf den Feierabend und das Wochenende beschränkt. Das ist auch den Kindern oft zu wenig, wie ein Vater beschreibt:

Weil wenn ich jetzt daheim bin, dann sehe ich schon, ich komme heim, der E. klemmt sich an mich und klemmt dann, bis er ins Bett geht. (Vater E)

Manche Väter reagieren darauf mit Aktionen, die sie mit ihren Kindern – auch wenn diese eine Behinderung haben – allein unternehmen.

Also M. (Sohn) und ich, wir haben letztes Jahr in den Sommerferien einen Ausflug gemacht, zwei Tage um den Ammersee rum. Da haben wir da irgendwo wild gecampt, und das war eigentlich auch recht nett und intensiv mit dem M. Und im Café frühstücken, ein paar Kilometer Radfahren, Brotzeit im Biergarten gemacht und dann weiter. Ja, das war sehr intensiv da. Irgendwo am Ammersee gecampt und am nächsten Morgen wieder heimgefahren. Da haben wir uns eineinhalb Tage Zeit gelassen [...] Nur ich und mein Sohn. Vater-Sohnemann-Tour, genau. (Vater B)

Derartige Aktionen sind allerdings nicht oft zu realisieren und erfordern einen gewissen organisatorischen Aufwand. Durch das Vater-Kind-Angebot werden die Väter von den Planungen und Vorbereitungen entlastet und können das attraktive Angebot „einfach" nutzen. Bei Veranstaltungen, die von den betreuenden Einrichtungen durchgeführt werden, haben sie zudem die Gelegenheit, die Einrichtung und damit einen wichtigen Teil von deren Lebenswelt kennenzulernen. Auch darüber freuen sich die Kinder.

> Also bei uns ist das total positiv aufgenommen worden. Unsere Tochter, die war auch total be-
> geistert, weil sie ja von der Schule dann immer erzählt, und sie findet es dann auch immer toll,
> wenn auch die Eltern oder der Papa da irgendwo mit involviert ist oder mit dabei ist. (Vater I)

Bei Vater-Kind-Veranstaltungen sind die Konstellationen anders als bei Familienver-anstaltungen, wie ein Vater anschaulich ausdrückt.

> Das ist mal was Neues, würd' ich sagen. Also bisher sind stärker die Mütter involviert in das Ganze
> und, na ja, so ausgleichende Gerechtigkeit fand ich das schon, ganz sinnvoll, Väter da auch mal
> einzubinden [...] Dann sag' ich noch was. Wenn wir was in der Familie unternehmen, dann ist
> das Familie, sagt ja der Begriff schon. Väter – Söhne, wir machen zwar zu zweit auch mal was für
> uns. Mal was, was uns Spaß macht. Aber es ist mit eine Gelegenheit, zusätzlich etwas zu machen,
> und deswegen fand ich des ganz gut. (Vater I)

Väter handeln hier durchaus auch eigennützig und im Interesse der Kinder, wie ein Vater unumwunden zugibt.

> Ja, jaaa [...] Mei, pfff [...] Ja, da muss jetzt ich sagen, das war jetzt nicht so mein Gedanke, mei-
> ne Frau zu entlasten, sondern ich wollt' – vielleicht ein bissl egoistisch, aber ich wollt' einfach,
> Mensch, mit meinen Kindern, mit meinem Sohn, irgendwas. (Vater K)

Trotzdem ist ein interessanter Nebeneffekt, dass die Mütter, die einen Großteil ih-rer Zeit für die alltägliche Betreuung der Kinder verwenden müssen, in der Zeit der Veranstaltung entlastet werden. Auch das ist ein Argument, das uns Väter genannt haben.

> Also grundsätzlich ist es ja so, ich bin voll berufstätig und drum bin ich auch, ich sag' mal, für
> dieses Vater-Kind-Programm total positiv gestimmt, weil ich sehe natürlich schon, dass unter der
> Woche in der Hauptsache meine Frau sich um die Tochter kümmern muss, ich halt in der Früh
> aus dem Haus gehe und abends heimkomme. (Vater F)

Teilweise wurden die Väter – vielleicht eben aus diesem Grund – von den Müttern über die Veranstaltung informiert und ermuntert teilzunehmen.

> Also ich kann ja bloß z. B. bei uns in der Familie sagen, wir machen sonst sehr viel gemeinsam am
> Wochenende, aber unsere Mutter oder meine Frau war total begeistert, weil sie gesagt hat, Men-
> schenkinder, sie find't des ganz Klasse, dass sich jetzt auch mal die Männer mit ihren Kindern
> da in irgendeinem Programm einbringen. (Vater I)

Argumente gegen die Nutzung von Vater-Kind-Veranstaltungen werden kaum ge-nannt. Interessant ist allerdings, dass Mütter vereinzelt Bedenken hatten, ob der Vater mit dem Kind allein „zurechtkommt". Zweifel an den väterlichen Kompetenzen im Umgang mit dem Kind äußerten sowohl Mütter im integrativen Kindergarten, auch wenn ihr Kind keine Behinderung hatte, als auch in der Tagesstätte. In diesen Fällen beruhigte die Fachkraft die Mütter und versicherte ihnen, darauf zu achten, dass alles reibungslos laufe.

### 4.4.4 Wie Väter ins Gespräch kommen und was sie daraus mitnehmen

In den Vater-Kind-Veranstaltungen erlebten die Väter kleinere Gruppen von Vätern mit einem ähnlichen Erfahrungshintergrund und der Teilnahme der Kinder. Durch den Austausch über die Kinder kommt gleichsam nebenbei ein Gespräch zustande, das legitimiert ist und auch über eine gewisse Intensität verfügen kann. Anders als bei Bekannten und Arbeitskollegen muss man hier nicht lange erklären, was die Behinderung des Kindes für die Alltagsbewältigung und das eigene Leben bedeutet, Fragen danach sind legitim und selbstverständlich. Das Gespräch kommt quasi von allein zustande. Wichtig war dabei, dass man sich nicht traf, um etwas zu besprechen, sondern um gemeinsam etwas zu tun. Die Gespräche ergaben sich nebenbei und ohne Zwang. Auf die Frage, was er interessant an der Vater-Kind-Wanderung fand, antwortet ein Vater:

> Ach, einfach das Laufen, so das zwanglose Reden miteinander, weil das ist ja immer, wenn man jetzt sagt, okay, man trifft sich jetzt, um über die Situation zu reden, dann ist das so geplante Sache, und dann ist man vielleicht nicht in der Stimmung dazu. Und so, wenn man da sich trifft, um eigentlich was anderes zu machen, kommt man ja eigentlich automatisch ins Gespräch nebenher. (Vater D)

Wichtig war den Vätern, dass auch die Kinder dabei sind. Neben der Möglichkeit, gemeinsam die Freizeit zu gestalten, den Lebensraum der Kinder kennenzulernen und die Mutter zu entlasten, sehen die Väter den Vorteil, dass die Kinder im Zentrum der Veranstaltungen stehen. Damit haben sie auch einen selbstverständlichen Gesprächsstoff mit den anderen Vätern. Sie selbst stehen nicht im Mittelpunkt und müssen sich auch nicht mit persönlichen Themen einbringen (wie beispielsweise in gruppendynamischen Sitzungen). Das entsprechende Votum ist eindeutig:

> Mit Kindern, so wie da. Wenn's Gespräch zustande kommt, okay, aber jetzt rein sich dann über Problemthema eigentlich dann zu unterhalten, zieh' ich nicht so vor. (Vater 1)
>
> Ich find's auch mit Kindern schöner. (Vater 2)

Die Aussage des ersten Vaters bildet nach unserer Einschätzung die Komplexität des Themas „Beratung von Vätern" weitreichend ab. Sich zu treffen, um über eigene Probleme und Gefühle zu reden, ist für die meisten Väter keine ernsthafte Option. Es entspricht nicht ihren Vorstellungen einer sinnvollen und „männlichen" Bewältigungsform von Herausforderungen. Als vollkommen ungeeignet werden dabei größere, problemorientierte und organisierte Gruppen eingeschätzt.

Die Attraktivität der besuchten Vater-Kind-Veranstaltungen ergab sich aus der Handlungsorientierung der Angebote und aus der Teilnahme der Kinder. Die Väter waren damit gleich zweimal davor „geschützt", eigene Probleme thematisieren zu müssen. Gleichzeitig hatten sie die Möglichkeit, sich selbstbestimmt in einer für sie passenden Form einzubringen. Gesprächsthemen, die sich anboten und genutzt wurden, waren entsprechend auch Aspekte der Alltags- und Freizeitgestaltung.

> Was man in der Freizeit macht, also welche Aktivitäten man da letztendlich macht. Unterstützend, wie die Geschwister mit eingebunden werden, je nachdem ob ein Kind oder mehr Kinder, werden die da separat behandelt oder werden die inkludiert, solche Themen sind da letztendlich ein bissl erörtert worden. (Vater F)

Durch das gemeinsame Tun, das Fehlen von Vorgaben für die Gesprächsführung und das Reden nebenbei fanden die Väter problemlos Themen, die sie gemeinsam besprechen konnten und bei denen auch schnell eine gewisse Vertrautheit entstand.

> Also, ich glaub, es war total unkompliziert, es ist relativ schnell, ich sag' einmal, auch durch diese Gemeinschaftsspiele irgendwo, ein Gemeinsinn hat da stattgefunden, man hat sich dann gegenseitig unterstützt, hat sich gegenseitig auch irgendwo vielleicht auch für die Kinder usw. irgendwo noch ein bissl begeistert, aber ich glaube, des ist ja des Tolle, dass so was net irgendwo total durchgeplant sein soll oder muss, sondern das des halt, ich sag' einmal, unkompliziert entsteht, und dann ist des meistens auch für alle Beteiligten sinnvoll und jeder kann dann auch relativ viel mitnehmen. (Vater I)

Mit diesen Formulierungen beschreibt dieser Vater genau das, was von den Fachkräften mit den Veranstaltungen beabsichtigt ist. Die Väter sollen von den Angeboten profitieren, sie als interessant und attraktiv erleben und etwas mit nach Hause nehmen. Was das ist, hängt stark von Bedürfnissen der Väter ab und kann nicht geplant werden. Möglich wird durch solche Veranstaltungen jedoch, dass von den Fachkräften entsprechende Gelegenheiten für die Väter geschaffen werden. Väter berichteten uns durchaus auch davon, dass sie auch eingebettete themenorientierte Gesprächsrunden nutzen würden, wenn die Rahmenbedingungen stimmen. Als Voraussetzungen werden eine verlässliche Betreuung der Kinder, die Freiwilligkeit der Teilnahme und eine gewisse Vertrautheit, nachdem man sich etwas kennengelernt hat, genannt. In einer Gruppendiskussion entwickeln die Väter auch schon Ideen dazu:

> Des kann man, des kann man dann jedem selber überlassen, man kann auch so machen, dass man das vielleicht für eine Stunde einplant und dass die Kinder daweil von anderen betreut werden und wenn des gewünscht ist, kann man das auch machen und wenn net, nachher lasst man des [...] (Vater 1)
>
> Dass man des miteinander verbindet. (Vater 2)
>
> Ja, dass die Kinder ganz einfach eine Stunde oder zwei Stunden beschäftigt sind pro Betreuer und wenn's gewünscht wird. Ist wahrscheinlich jetzt auch schwer zu beantworten, man hat sich heute zum ersten Mal gesehen, man kennt sich kaum eigentlich von Vater zu Vater, sag ich jetzt einmal. (Vater 1)

Muss man erst zusammenwachsen. Hamms die Mütter vielleicht ein bissl leichter, weil die sich schon öfter untereinander gesehen haben. (Vater 3)

Interessant sind für die Väter auch Folgeangebote, bei denen sie sich wieder treffen, an gemeinsamen Erfahrungen anknüpfen und Vertrauen weiter aufbauen können.

Also man hat sich wieder gesehen und hat schon von jedem gewusst, also hatte auch gleich ein, zwei Punkte zum Ansprechen. Zu den Vätern, das hat sich auf jeden Fall verbessert, zu den Kindern, zu ein paar auch, doch, würd' ich – grad so die größeren oder so. Und wo man dann auch z. B. die anderen, der H. – die Mutter ist auch im Elternbeirat, und mit dem Vater hab' ich auch schon mal in der Schule so Kettcars repariert. Und der kennt mich dann halt auch, und der ist dann auch gleich gekommen und hat sich gefreut, dass er mich noch mal sieht und so. Also zu den Kindern und auch zu den Vätern sowieso und auch zu ein paar größeren Kindern speziell, wo man eh schon ein bisschen Beziehung hatte, das war gut. Also insofern wäre ich da auch schon stark für, oder bin ich auch stark dafür, dass man das jetzt nicht abbrechen lässt […] oder (dass die Kontakte) auf jeden Fall mindestens gehalten werden können, dass man sich ab und zu mal sieht. Sagen wir mal, intensiver weiß ich jetzt nicht, ob ich's unbedingt mit dem Hintergedanken mache, dass wir uns dann auch mal so treffen, weiß ich jetzt nicht. Aber es könnte sein. Aber ich würde eher sagen, dass man so ein bisschen Kontinuität drin hat, dass man sich ab und zu mal sieht. (Vater E)

Ob er kontinuierliche Kontakte auch außerhalb dieser Veranstaltungen wünscht, lässt dieser Vater offen. Er schließt es aber nicht aus.

### 4.4.5 Von organisierten zu selbst organisierten Aktivitäten

Bei der Anlage des Gesamtprojekts war von Anfang an intendiert, dass die Angebote für Väter auch eine Plattform bieten sollten, auf der sie sich dann selbst vernetzen können. Deshalb wurden Väter bei einigen Kooperationspartnern von Anfang an in die Planung und Organisation von Veranstaltungen einbezogen.

Der erste Schritt zu einer Veranstaltung stellt für die Väter oft eine Hürde dar. Hier kann die Schwelle schon etwas gesenkt werden, wenn ein Vater, wie z. B. an der Tagesstätte ein Elternbeirat, die Anschreiben an die Väter mitverfasst und sich an der Organisation der Veranstaltungen beteiligt. Denn haben Väter einmal teilgenommen, sich mit anderen Vätern über ihre Kinder, ihre Freuden und Sorgen sowie gute und weniger gute Unterstützungserfahrungen von Einrichtungen, Versicherungen und Ämtern austauschen und mit ihren Kindern einen schönen Tag verbringen können, kommen sie gern wieder.

Das große Interesse an den Väterangeboten der Tagesstätte zeigt sich an der regen und regelmäßigen Beteiligung der Väter sowie an der Dauer der einzelnen Veranstaltungen, die sich zeitlich immer stärker ausdehnen.

Also ich glaub, ich hab' keine ausgelassen. Ich muss ja sagen, wir, wir haben keine ausgelassen […] die erste war nicht mal die beste, da gab's dann auch noch bessere. (Vater E)

Das Beispiel Kegeln, das der Vater dafür anführt, ist auch deshalb besonders, da die Väter dies in Eigenregie organisiert haben. Der Vater berichtet zudem über die neu entstandenen Kontakte, die auch schon zu privaten Unternehmungen geführt haben, wobei für ihn der Spaß und Austausch zu alltäglichen Dingen im Vordergrund stehen. Mit Fragen und Problemen dagegen würde er eher Fachkräfte aufsuchen und da ist die Hemmschwelle gegenüber dem Psychologen, der die Väterangebote verantwortet, „mit Sicherheit" gesunken. Es ist eine Vertrauensbasis entstanden, auf der er ihn ansprechen würde, wenn er etwas Dringendes hätte. „Das ist halt – das Gefühl, dass man hingehen kann." Diese Einschätzung teilt auch der Psychologe, der von den Vätern inzwischen deutlich häufiger angesprochen und aufgesucht wird.

Für andere Väter haben der Kontakt und der Austausch im Lauf der Zeit dazu geführt, dass Vertrauen untereinander entstanden ist. Dabei wurde auch die Schwelle gesenkt, direkt bei einem anderen Vater anzurufen, wenn es Erziehungsfragen oder Unsicherheiten durch das Verhalten des Kindes gibt.

In der o. g. Tagesstätte nehmen mittlerweile die Väter die Organisation ihrer Aktivitäten selbst in die Hand. Während zu Beginn des Väterprojekts in der Tagesstätte noch eine Veranstaltung abgesagt wurde, da der begleitende Psychologe erkrankt war, sind die Väter in ihrem Empowermentprozess nun einen Schritt weiter, sie organisieren ihre Treffen selbst, womit das Ziel der Einrichtung, einen Anstoß zur Vernetzung und Selbsthilfe zu geben, erreicht wurde.

> [...] wir wollten ja auch eben in die Richtung gehen. Und das hat mich dann auch so ein bissel gefreut, dass sich das dann so verselbständigt, weil die haben jetzt schon so – die kennen sich untereinander und beim Kegeln war's halt so, da hat man so einen abgetrennten Raum, da hat immer jemand mal ab und zu was zu tun, und wenn man will, kann man sich mit jemandem unterhalten. Wenn man möchte, kann man sich mit dem Kind hinsetzen und was essen. (Psychologe Tagesstätte)

*Das Potenzial von Vernetzung sehen, Selbsthilfegruppen fördern:*
Aus der Arbeit mit Selbsthilfegruppen ist bekannt, dass Eltern von Kindern mit Behinderung durch ihr Engagement in einer Gruppe zum einen ihre Situation verbessern und zum anderen auf eine Veränderung der gesellschaftlichen Sicht und des Umgangs mit Behinderung hinwirken möchten. Ein zentrales Thema ist dabei die Normalisierung ihrer Situation: normale Dinge mit ihren Kindern tun und sich als normal trotz der Behinderung des Kindes erleben (Kap 3.6). Das erfahren sie selten genug im Alltag. Häufig dagegen erleben sie physische und soziale Barrieren oder ernten mitleidige Blicke. Den Umgang mit anderen Vätern, die sich in einer vergleichbaren Situation befinden, erleben sie als ein Stück Normalität in ihrem Alltag. Dabei kann sie dieser Wunsch zunächst auch daran hindern, Angebote wahrzunehmen, was ein Vater aus einer Elterngruppe in einem anderen Zusammenhang prägnant auf den Punkt gebracht hat.

Die Lebenswirklichkeit von Familien mit behinderten Kindern unterscheidet sich drastisch von der anderer Familien. Das Bedürfnis der meisten Menschen, dazu gehören zu wollen, an der Normalität teilhaben zu wollen, hindert sie daran, ihre andersartige Lebenswirklichkeit anzuerkennen. Erst wenn diese Einsicht zugelassen werden kann, sind Eltern offen für andere Eltern in einer vergleichbaren Situation, […] suchen in Elterngruppen Menschen mit der gleichen Lebenswirklichkeit […] hoffen, Solidarität, konkrete Hilfe, Orientierung, Maßstäbe und eine neue Normalität zu finden. (Behringer 2001: 164)

Diejenigen Väter, die sich auf die Veranstaltungen einlassen, machen Erfahrungen in ihrer Rolle als Vater sowie als Mann, die sie in ihren beruflichen und privaten Beziehungen bislang nicht erlebt haben. Die Gespräche am Rande einer Veranstaltung oder in einer Gesprächsrunde eröffnen den Vätern die Möglichkeit zur produktiven Auseinandersetzung mit ihrer Situation. Gelingt diese Auseinandersetzung, können sich auch die Beziehungen innerhalb der Familie verändern, nicht nur zum behinderten Kind, auch zur Partnerin und zu Geschwisterkindern. Die Eltern entwickeln ein größeres Verständnis füreinander und z. T. gelingt auch die stärkere Einbindung der Väter in die familiale Verantwortung. Das Familienkohärenzgefühl wird gestärkt. Dann können die Familien erfahren, dass auch ein Leben mit behinderten Kindern erfüllt und voller Freude sein kann.

Die gemeinsamen Aktivitäten mit den Kindern und anderen Vätern stellen so etwas wie eine geschützte Öffentlichkeit dar, in der das Auftreten in der ungeschützten Öffentlichkeit erprobt und gestärkt werden kann. In einem gemeinsamen Workshop zu Elterngruppen sagte ein Vater, dass sie früher im Urlaub als Familie mit einem behinderten Kind immer „angeglotzt" wurden, was schrecklich war. Heute fahren sie mit der Gruppe und es würden immer noch alle glotzen, aber es mache ihm nichts mehr aus.

Aus der Forschung ist bekannt, dass sich Eltern, die sich in Selbsthilfegruppen organisieren, sicherer fühlen und selbstbewusster auftreten. Sie sind häufig kritischer, aber sie verstehen sich nicht als gegen das professionelle System gerichtet. Im Gegenteil, sie suchen die Zusammenarbeit, bieten ihr Expertenwissen an und stellen Kooperationsbeziehungen her. Dadurch erleben sie sich stärker als Partner denn als Hilfeempfänger; das ungleiche Gefälle wird etwas aufgehoben (Engelbert 1999).

# 5 Bewertung der Angebote

Die Sinnhaftigkeit von Angeboten für Väter von behinderten Kindern geht bereits aus der einschlägigen Literatur hervor. Den durchaus vorhandenen Belastungen und Interessen dieser Väter stehen kaum ansprechende Angebote gegenüber, die von ihnen ohne ein Gefühl der Stigmatisierung genutzt werden können. Das liegt einerseits daran, dass kaum spezielle Angebote für Väter vorgehalten werden. Andererseits haftet Angeboten, die Vätern eine psychosoziale Unterstützung vermitteln wollen, bei der Zielgruppe häufig der Ruf an, Probleme und Gefühle unangemessen in den Vordergrund zu stellen, zu psychologisieren und vielleicht sogar die Selbstbestimmung bei der Auswahl und Bearbeitung von Themen zu unterbinden. Sie werden deshalb als wenig attraktiv angesehen und entsprechend auch nicht genutzt. In unserem Projekt hatten wir die Möglichkeit, die Ergebnisse einer Angebotsentwicklung zu beurteilen, die stärker an den Bedürfnissen der Väter von Kindern mit Behinderung orientiert sind.

## 5.1 Bewertung vor fachlichem Hintergrund: Optimierung der Praxis

In diesem Zusammenhang ist relevant, wie die bedürfnisorientierten Angebote genutzt und von den teilnehmenden Vätern eingeschätzt werden, welche Rolle Qualitätsmerkale spielen und unter welchen Bedingungen auch qualifizierte Angebote nicht nachgefragt werden.

### 5.1.1 Angepasste Angebote kommen bei den Vätern an

Die Angebote und ihre Durchführung wurden von den teilnehmenden Vätern durchgängig positiv beschrieben. Sie waren damit zufrieden und würden sie künftig wieder in Anspruch nehmen. Das gilt für den Ablauf und die Organisation, die Zusammenstellung der Teilnehmer, die Rahmenbedingungen und die Inhalte. Hervorgehoben wurde vor allem die Orientierung an den Interessen und Bedürfnissen der teilnehmenden Väter und Kinder. Möglich wurde dadurch u. a., dass die Väter mit ihren Kindern gemeinsam eine organisierte Freizeit erlebten und Spaß haben konnten.

Betont wurde aber auch die Möglichkeit, sich gleichsam nebenbei mit anderen Vätern auszutauschen und individuell davon zu profitieren. Dies geschah ohne Zwang und Vorgaben. Durch gemeinsames Tun ergaben sich wie selbstverständlich Gelegenheiten zu Austausch und Gespräch. Die Väter konnten selbst entscheiden, mit wem sie über welche Themen in welcher Intensität sprechen wollten. Anknüpfungspunkte

https://doi.org/10.1515/9783110669152-005

waren dabei in der Regel die Kinder und die Organisation bzw. Bewältigung des Familienalltags.

Ein Negativbeispiel: Die Väter nannten auch Angebote, die sie bei anderen Einrichtungen genutzt hatten, von denen sie überhaupt nicht angetan waren, sondern eher abgeschreckt wurden. Beim gemeinsamen Versuch, in einer Gesprächsgruppe Unterstützung zu erfahren, wurden ein befragter Vater und seine Frau von Vorgehen und Ergebnis gründlich enttäuscht.

> Wir haben dann in der Einrichtung x [...] so ein Seminar gemacht, ähnlich dem System Trauerbewältigung. Das ist zwar paradox, aber so hat das damals geheißen. Das haben wir dann gemacht. Gemeinsam miteinander, waren dann auch gemeinsam dort. Da sind wir dann wieder davon weggegangen, weil [...] in dieser Organisation ist dann immer bloß darüber philosophiert worden: „Wieso hat es uns erwischt?" und „Wieso ist uns das widerfahren?" Wo meine Gattin und ich dann gesagt haben, das hilft ja nichts. (Vater F)

Die Intentionen der Veranstalter mögen durchaus zielführend gewesen sein. Aus fachlicher Sicht ist es sicher sinnvoll, die Beziehung von Vätern zu ihren behinderten Kindern auf einer sehr grundsätzlichen und emotionalen Ebene zu thematisieren. Es kann jedoch fast schon als Kunstfehler eingeschätzt werden, wenn die Autonomie der Betroffenen bei der Form und Intensität der Bearbeitung nicht gewahrt wird. Diese eher nicht als hilfreich eingeschätzte Unterstützung schildert ein anderer Vater mit nahezu denselben Beispielen. Vielleicht sind es die Inhalte solcher Angebote (Esoterik, Psychologisierung, Zwang, über Probleme zu reden etc.), die Väter bei der Nutzung psychosozialer Angebote grundsätzlich befürchten. „Das letzte, was ich in der Situation gebraucht hätte, sind psychologisierende Gespräche", hörten wir von Vätern immer wieder.

Das Ziel derartiger Auseinandersetzungen, die Eltern damit schneller zur Annahme der Behinderung und Bejahung des behinderten Kindes zu bewegen, wird heute sehr kritisch unter dem Begriff des „Annahme-Postulats" diskutiert. Denn damit wird auf Eltern ein enormer moralischer Druck ausgeübt, der die subtile Botschaft enthält, dass innere Ambivalenzen oder Überforderungsgefühle immer auf die mangelnde Annahme des Kindes zurückgeführt werden können (Weiß et al. 2004).

Der Mitarbeiter der Fachstelle trug durch die Organisation der Veranstaltungen und seine Präsenz wesentlich zu einem vertrauensvollen Miteinander bei. Mit den bewusst gewählten Arrangements (etwa Kooperationsaufgaben) schuf er Voraussetzungen für eine gelingende Kommunikation.

Bei der Zusammenstellung der Teilnehmergruppen schätzten die Väter, dass die Gruppen nicht zu groß waren und man so leichter ins Gespräch kam. Sie sprachen sich auch vor allem für Vater-Kind-Veranstaltungen aus, zum einen, weil sie so gemeinsam mit ihren Kindern etwas unternehmen konnten, zum anderen, weil sie anders als bei Familienveranstaltungen doch etwas stärker im Mittelpunkt standen und in ihrer Mitwirkung gefordert waren.

### 5.1.2 Qualität der Angebote

Angebote für Väter von Kindern mit Behinderung zu entwickeln und durchzuführen gehört inzwischen zu den Routineaufgaben des Mitarbeiters der Fachstelle. Die Qualität ist geprägt durch eine systematische Orientierung an den Interessen der Väter. Deren Bedürfnisse und Wünsche werden bei der Konzeptentwicklung auch anhand der Kundenpfadanalyse „mitgedacht" und in die differenzierte Prozessplanung und -beschreibung einbezogen. Die Kundenorientierung bezieht sich zudem auf die Interessen und Rahmenbedingungen der verschiedenen Kooperationspartner.

Dabei entstehen auch ungewöhnliche und interessante Angebote und Veranstaltungen, die in ihrer Thematik und Organisation den Wünschen entsprechen, die Väter uns gegenüber artikuliert haben. Diese Angebote und Veranstaltungen werden von den Teilnehmern und den kooperierenden Einrichtungen durchweg sehr positiv bewertet. Dies zeigt sich u. a. daran, dass Fortsetzungs- bzw. Wiederholungsangebote ausdrücklich gewünscht werden. Einen wesentlichen Beitrag zu diesem Ergebnis leistete der Mitarbeiter der Fachstelle durch eine professionelle und routinierte Durchführung, bei der er auf zahlreiche Kompetenzen und Erfahrungen z. B. im Bereich Erlebnispädagogik zurückgreifen konnte.

### 5.1.3 Es kann passieren, dass Veranstaltungen nicht zustande kommen

Im Rahmen des Modellvorhabens entwickelte der Mitarbeiter der Fachstelle zahlreiche unterschiedliche Angebote und Veranstaltungen in der Bildungs- und Erholungsstätte Langau sowie gemeinsam mit den kooperierenden Einrichtungen. In beiden Fällen kann unterschieden werden, ob reine Väterveranstaltungen, Vater-Kind-Veranstaltungen oder Familienveranstaltungen konzipiert wurden. Reine Väterveranstaltungen stießen bei der Klientel der Einrichtungen auf wenig Interesse, gleiches gilt für die Langau. Angesprochen fühlten sich hier Väter, die ohnehin schon sehr engagiert waren oder die sich mit ihrer eigenen Situation bereits ausführlicher auseinandergesetzt haben. Aus Gesprächen mit Vätern ergab sich für den Mitarbeiter der Fachstelle und die wissenschaftliche Begleitung, dass „reine" Väterangebote als Einstieg für die Arbeit mit Vätern wenig geeignet sind. So betonten viele Väter, dass sie sich entsprechende Gesprächsrunden schon vorstellen könnten, aber erst wenn eine gemeinsame Vertrauensbasis entstanden sei. Insofern sind „reine" Väterangebote nicht als niederschwellig anzusehen und wurden deshalb vom Mitarbeiter der Fachstelle zunächst nicht weiterverfolgt.

Bei den entwickelten Familien- und Vater-Kind-Veranstaltungen dagegen wurden zahlreiche Kriterien berücksichtigt, die den Wünschen und Bedürfnissen der befragten Väter entsprachen. Durch die qualifizierte Entwicklung dieser Angebote konnte sichergestellt werden, dass sie von der Zielgruppe als interessant, attraktiv und hilfreich wahrgenommen wurden. Die Angebote wurden als niederschwellig erlebt, und ihre

Nutzung war für die Väter mit keinerlei Stigmatisierung verbunden. Dass einige der geplanten Veranstaltungen aufgrund zu geringer Anmeldungen abgesagt werden mussten, ist demnach nicht auf mangelnde Qualität und Attraktivität zurückzuführen.

Bei den Familienangeboten konnten zwei Veranstaltungen, die bereits terminiert waren und zu denen sich auch Familien angemeldet hatten, aufgrund der schlechten Witterungsbedingungen nicht realisiert werden. Eine Rolle spielte dabei, dass es sich bei der Zielgruppe um Familien mit Kleinkindern handelte, die keinen gesundheitlichen Belastungen ausgesetzt werden sollten. Bei der Planung von witterungsabhängigen Veranstaltungen ist es sicher sinnvoll, als Zielgruppe Familien mit älteren Kindern anzusprechen.

Die Alltagsorganisation von Familien, in denen Kinder mit Behinderungen leben, gestaltet sich in der Regel schwieriger als in „Normalfamilien". Zum einen sind durch Behandlungen, Therapiesitzungen und sonstige Verpflichtungen aufgrund der Behinderung die Terminkalender meistens schon gut gefüllt. Zum anderen können aufgrund der Behinderung auch häufiger unvorhergesehene Termine dazwischenkommen. Die wenigen freien Zeitressourcen werden dadurch zusätzlich eingeschränkt. Die Nutzung von Vater-Kind-Veranstaltungen erfordert somit eine explizite Planung, steht u. U. in Konkurrenz mit Anforderungen des Alltags und erfordert deshalb eine bewusste Entscheidung dafür. Dies gilt umso mehr, als auch das individuell verfügbare Zeitbudget von Vätern und Müttern in Familien mit behinderten Kindern in aller Regel knapp bemessen ist.

Ebenfalls witterungsbedingt ausgefallen sind einige Schneewanderungen. Hier fehlte einfach der Schnee. Auch andere Ursachen sorgten dafür, dass lange geplante und bereits organisierte Veranstaltungen nicht durchgeführt werden konnten: Einmal sagte kurzfristig der eingeladene Fachmann ab (Wurstkurs), ein andermal fischte ein Hecht den Teich leer (Vater-Kind-Angeln).

In einigen Fällen gab es zu wenig Anmeldungen, sodass ein Austausch zwischen den Vätern als Ziel der Veranstaltung nicht zu erreichen war und auch keine Kostendeckung erzielt werden konnte. Dies war etwa bei der geplanten gemeinsamen Veranstaltung mit Vätern aus Südtirol der Fall, wo Anmeldungen aus Bayern vorlagen, nicht jedoch aus Südtirol.

Bei der Realisierung von Veranstaltungen für Väter von behinderten Kindern müssen diese Unwägbarkeiten einkalkuliert werden. Trotz der vorhandenen Erfahrungen und Kompetenzen des Anbieters ist es nicht selbstverständlich, dass geplante Veranstaltungen auch durchgeführt werden können. Nach unserer Einschätzung ist dies eine zentrale Lernerfahrung aus dem Modellvorhaben, in dem neue und auf die kooperierenden Einrichtungen zugeschnittene Angebote erprobt wurden. Charakteristisch für diesen Prozess im Rahmen des Modellvorhabens war, dass auch aus den nicht realisierten Veranstaltungen gelernt wurde. Dazu wurde überlegt, wie die Angebote noch attraktiver „beworben" und welche zusätzlichen Kanäle für das Ansprechen der Väter genutzt werden können. In der Regel wurden diese Veranstaltungen dann auch erneut angeboten.

Insgesamt zeigt die Erfahrung mit ausgefallenen Veranstaltungen, dass sich der Mitarbeiter der Fachstelle vorrangig mit Marketingfragen auseinandersetzen muss. Dies wird auch bei der Realisierung künftiger Projekte so sein.

Es zeigt sich auch, dass die Entwicklung von Angeboten insofern riskant sein kann, als nicht sichergestellt ist, dass jede Veranstaltung auch nachgefragt und durchgeführt wird. Im Laufe unseres Projekts zeigte sich jedoch, dass die Ausfallraten bei den Veranstaltungen durch geeignete Maßnahmen bei Planung und Bewerbung reduziert werden können. Dazu ist seitens der Einrichtungen ein langer Atem notwendig. Wenn Väter dann einmal teilgenommen haben, kommen sie gern und mit Begeisterung wieder.

## 5.2 Erkenntnisse im Gesamtkontext von Hilfeprozessen

Die Unterstützung von Menschen, Familien, Eltern, Kindern, Vätern und Müttern durch Fachkräfte der psychosozialen Versorgung erfolgt grundsätzlich nach vergleichbaren Abläufen. Zunächst muss eine Kontaktaufnahme erfolgen, ein Beratungswunsch formuliert werden und ein Kontrakt zustande kommen. Im Anschluss daran konkretisiert sich die Unterstützung. Bereits hier, vor allem aber nach der durchgeführten Unterstützung stellt sich die Frage, ob und wie die Ratsuchenden davon profitieren. Um diese Fragen zu thematisieren, wird auf ein Modell der Wirkungsanalyse und das Konzept der Salutogenese zurückgegriffen.

### 5.2.1 Erleichtern des Hilfesuchverhaltens und Reduzierung der Zugangsproblematik

Das Phänomen, dass bestimmte Personengruppen Angebote psychosozialer Beratungsstellen seltener in Anspruch nehmen, ist spätestens seit den 1970er-Jahren bekannt. Damals wurde vor allem im Bereich der Jugendhilfe vonseiten der Fachkräfte beklagt, dass besonders Klienten aus der Unterschicht Angebote etwa von Erziehungs- und Familienberatungsstellen kaum in Anspruch nahmen, während dies für Mittel- und Oberschichtfamilien bereits normal war. Seitens der Fachkräfte bestand damals die Tendenz, Familien Defizite zuzuschreiben, wenn sie entsprechende Angebote nicht nutzten. In der wissenschaftlichen Debatte in den 1980er-Jahren wurde diese Sichtweise deutlich relativiert. Es konnte gezeigt werden, dass zwischen professionell konzipierten Angeboten und den Bedürfnissen dieser Zielgruppe Differenzen vorhanden waren, die auch durch unpassende und wenig hilfreiche Angebotsformen begründet waren. In der Debatte um das Konzept der Veröffentlichungsbereitschaft (Buchholz u. a.1984) bzw. das Konzept „Self disclosure" (zum Überblick Derlega/ Berg 1987) wurde deutlich, dass professionelle Angebote stärker an die Bedürfnisse der Klientel angepasst werden müssen, um für diese Personen attraktiv zu sein. Ähnliche Unterschiede im Hilfesuchverhalten zeigten sich auch zwischen Frauen und Männern.

Antworten auf diese Problematik wurden bereits in den 1980er-Jahren (etwa durch offene niederschwellige Beratungsangebote) gesucht und gefunden. Mit den Konzepten der Qualitätsentwicklung und der Einführung des Kundenbegriffs in den 1990er-Jahren ergab sich ein weiterer zielführender Ansatz. Hier wurden die Zugangsschwierigkeiten explizit auf eine Lücke zwischen den Interessen und Bedürfnissen der Kunden und den vorgehaltenen Angeboten der Einrichtungen gesehen. Die fehlende Nachfrage nach Angeboten wurde nicht mehr Defiziten der Zielgruppe, sondern der unzureichenden (An-)Passung der Angebote zugeschrieben.

An dieser zentralen Stelle setzte die Entwicklung von Angeboten im Rahmen des Modellvorhabens an. Angebote und Veranstaltungen wurden explizit auf die Bedürfnisse und Grundhaltungen von Vätern zugeschnitten. Ziel war es, niedrigschwellige Veranstaltungen bereitzustellen, die nicht stigmatisieren, die für die Väter attraktiv sind und trotzdem eine sinnvolle psychosoziale Unterstützung anbieten. Die Einschätzungen durch die befragten Väter zeigen, dass das gelungen ist.

### 5.2.2 Es ist nie zu spät, Väter anzusprechen

Viele Eltern von Kindern mit Behinderung erfahren sehr frühzeitig, dass ihr Kind von Beeinträchtigungen betroffen sein wird und dass sie ein besonderes Kind haben werden. Angesichts der Möglichkeiten der modernen Medizin ist das häufig schon vor der Geburt der Fall. In der Regel beginnen die professionelle Betreuung der Kinder und die Unterstützung der Familien bereits sehr früh. Auch Beratungen der Eltern vor der Geburt des Kindes sind inzwischen Routine.

Angesichts der „Zugangsproblematik" von Vätern zu den Möglichkeiten professioneller psychosozialer Beratung und Familienbildung bzw. der Zurückhaltung der Väter gegenüber diesen Angeboten ist allerdings nicht sichergestellt, dass Väter von Kindern mit Behinderung auch frühzeitig „erreicht" werden. Mit diesem Problem sind bspw. auch die Frühen Hilfen konfrontiert. Aufgrund der häufig anzutreffenden Aufgabenteilung in den Familien sind es häufig die Mütter, die den Kontakt zu Betreuungseinrichtungen, Kindergarten und Schule halten, während die Väter sich im Hintergrund halten bzw. andere Aufgaben bei der Versorgung der Kinder übernehmen.

Diese vorrangige Zuständigkeit der Mütter und damit ihre Erreichbarkeit für Einrichtungen der Familienbildung und -beratung kann sich im Laufe der Jahre auch stabilisieren, um nicht zu sagen verfestigen. Es wird zunehmend „normal", dass die Väter im Hintergrund sind und bleiben, das Feld sozusagen den Müttern überlassen oder allenfalls als Juniorpartner mitkommen.

Dieser Umstand kann letztlich für betreuende Einrichtungen auch zum Problem werden, da sie immer nur mit einer Elternperspektive, nämlich der der Mutter konfrontiert sind. Die Zurückhaltung der Väter reduziert damit nicht nur deren Erfahrungs- und Lernmöglichkeiten, sondern grenzt auch die Möglichkeiten und Spielräume der betreuenden Einrichtungen ein. Im Prinzip können sich hier Phänomene wiederholen, die bei Veranstaltungen für Eltern und Kinder beschrieben werden. Väter sind gelegentlich auch in übergreifenden Fragen manchmal lockerer und weniger kontrollierend als Mütter, sie trauen ihren Kindern u. U. mehr zu und lassen ihnen mehr Freiräume. Besonders relevant kann dieser Aspekt werden, wenn es um die Verselbstständigung der behinderten Kinder geht. Im Vordergrund steht hier gerade die Anforderung an Eltern, ihre Kinder loszulassen, sie erwachsen werden zu lassen und sich selbst weniger einzumischen.

Bei betreuenden Einrichtungen, besonders im betreuten Wohnen und bei anderen Wohnformen, ist die Förderung von Selbstständigkeit und Autonomie in aller Regel ein professionell formuliertes Ziel, bei dem auch die Eltern unterstützend einbezogen werden. Der Beitrag der Väter in diesen Entwicklungsschritten ist nicht zu unterschätzen und kann die Fachkräfte durchaus unterstützen. Unsere Erfahrungen zeigen, dass es hier Sinn macht, auch noch Väter von erwachsenen Kindern anzusprechen, die z. B. bereits in einem Wohnheim leben. Profitieren davon können die Kinder, die Väter, die Mütter, aber auch und gerade die Fachkräfte in den Einrichtungen, die sich neue Kooperationspartner erschließen. Im Rahmen unseres Projekts ergaben sich sehr positive entsprechende Erfahrungen mit Vätern, deren Kinder in einem Wohnheim für erwachsene Menschen mit Behinderung leben. Hier hat sich eine feste Gruppe von Vätern gebildet, die mittlerweile gemeinsame Nachmittage mit ihren Kindern aktiv einfordern.

### 5.2.3 Einordnung der Väterangebote in ein Wirkungsmodell

In der aktuellen Debatte um psychosoziale Angebote und Dienstleistungen spielt die Diskussion um Effekte und Wirkungen eine große Rolle. Die im Modellprojekt entwickelten und bereitgestellten Unterstützungsleistungen lassen sich am Modell darstellen, das die „Effekte von Beratung" kategorisiert. Wir beziehen uns im Folgenden auf ein Wirkungsmodell, das aufbauend auf früheren Arbeiten des Instituts für Praxisforschung und Projektberatung (Straus et al. 1988) und den Erkenntnissen der Belastungs- und Bewältigungsforschung handlungsnahe Effekte bestimmter Interventionen beschreiben kann. Dieses Modell zeigt mögliche Effekte von Interventionen auf fünf verschiedenen Ebenen (Tabelle 5.1).

**Tab. 5.1:** Erläuterung zum Wirkungsmodell (Quelle: Eigene Darstellung).

| Ebene | Effekte | Kurzbeschreibung: Maßnahme X bewirkt, dass … |
|---|---|---|
| Kommunikations-ebene | Veröffentlichungs-effekt | man (stärker als zuvor) sein Problem/sein Anliegen anderen gegenüber veröffentlichen kann |
| | Dialogeffekt | man sich mit anderen austauscht, den Dialog als konstruktiven Weg erlebt und anderen zuhören kann |
| Befindlichkeitsebene | Entlastungseffekt | die Maßnahme zu einer emotional spürbaren Entlastung führt |
| Wissensebene | Orientierungseffekt | man weiß, welche sinnvollen, für einen persönlich adäquaten Möglichkeiten (Handlungsalternativen) es gibt |
| | Erklärungseffekt | man für die Situation bzw. das eigene Verhalten Erklärungen hat, man weiß, warum man so reagiert (hat) |
| Einstellungs- und Verhaltensebene | Einstellungseffekt | sich bestimmte Einstellungen verändern |
| | Situative Verhal-tensänderung | man in der Lage ist, sich in bestimmten Situationen anders zu verhalten |
| | Übergreifende Ver-haltensänderung | man gelernt hat, bestimmte Prinzipien zu verinner-lichen und so nicht nur in bestimmten Situationen, sondern situationsübergreifend sein Verhalten zu verändern |
| Sozio-ökonomische Rahmeneffekte | Netzwerkeffekt | die Vernetzung oder/und die sozialen Kompeten-zen größer werden |
| | Materielle Effekte | die materiellen Bedingungen sich verbessern |

Die Anlage der wissenschaftlichen Begleitung sah zwar keine explizite Wirkungs-analyse der durchgeführten Veranstaltungen vor. Gleichwohl lassen sich aus den In-terviews und den teilnehmenden Beobachtungen Hinweise darauf finden, in welcher Form Effekte für die Väter daraus resultierten und weshalb diese Angebote durch-aus mit dem Unterstützungsauftrag der teilnehmenden Einrichtungen im Einklang stehen.

Im Modellprojekt wurden die Angebote und Veranstaltungen explizit auf die Bedürfnisse und Grundhaltungen von Vätern zugeschnitten. Ziel war es hierbei, niedrigschwellige Veranstaltungen bereitzustellen, die den Bedürfnissen der Väter entsprechen und für sie attraktiv sind und gleichwohl eine sinnvolle psychosoziale Unterstützung anbieten. Damit können sie auch unter der Perspektive von Effekten und Wirkungen psychosozialer Angebote und Dienstleistungen betrachtet werden. Die entwickelten und bereitgestellten Unterstützungsleistungen im Rahmen der An-gebote zeigen Effekte von Interventionen auf fünf verschiedenen Ebenen:

*Kommunikationsebene:* Durch die handlungsbetonten Gruppenveranstaltungen haben die Väter die Gelegenheit, nebenbei und selbstverständlich mit anderen Vätern und den Fachkräften ins Gespräch zu kommen. Anders als in einem Beratungssetting setzen sie keinen expliziten Problembezug voraus und dadurch können die Väter selbstbestimmt und auf Augenhöhe miteinander und mit den Fachkräften kommunizieren und ihre Themen ansprechen.

> [...] jederzeit bin ich für alles offen, aber dass ich mir jetzt einen Termin setz, wo ich sag, jetzt reden wir über Probleme, das kann ich mir gar nicht vorstellen [...] da muss, des muss die, der richtige, wenn des der richtige Zeitpunkt ist, dann ergibt sich das und jetzt das Bedürfnis über irgendein Problem zu sprechen, muss ich sagen, habe ich gar nicht. (Vater in einer Gruppendiskussion)

Durch die Gespräche erfahren die Väter, dass in den Einrichtungen eine hilfreiche Kommunikation über ihre Themen möglich ist. Ebenso lernen sie die Fachkräfte von einer anderen Seite kennen – dadurch kann auch eine bessere Anbindung an die Einrichtung entstehen und die Hemmschwelle für die Veröffentlichung von Problemen gegenüber den Fachkräften und für die Inanspruchnahme psychosozialer Unterstützungs- und Beratungsangebote gesenkt werden.

> [...] Ja, man lernt sich halt einfach auch in einem Kontext kennen, wo es keine Probleme gibt. Also das ist dann eher auch so, man redet auch so ein bissl über die Eigenheiten vom Kind schon und wie man damit umgeht, aber das ist eher, ja, wie kann man sagen, die Leute werden hier nicht einbestellt, weil es ein Problem gibt, sondern die können kommen. Und wenn sie das Gefühl haben, ich kann da jetzt mal fragen, dann machen die das eher. (Psychologe Tagesstätte)

*Befindlichkeitsebene:* Die angebotenen Veranstaltungen machen den Vätern und ihren Kindern Spaß. Sie erleben sich in der Gemeinschaft mit anderen und fühlen sich dabei wohl. Sie fühlen sich in ihren Interessen und Bedürfnissen akzeptiert und erleben, dass sie bei Bedarf auf Fachkräfte als vertrauensvolle Ansprechpartner zugehen können. Das unterstützt Vertrauen und Sicherheit und wirkt sich auch positiv auf die anderen Ebenen aus.

> Ja, es war halt wieder auch mal ein Austausch, dass man sieht, man ist nicht ganz alleine mit seinen Problemen; und was man halt da jetzt durchgemacht hat. Mal war ein Vater dabei, der hat zwei behinderte Kinder. Das relativiert sich dann auch so ein bissl, dass man vielleicht sogar noch in einer günstigeren Ausgangslage ist – das war aber jetzt nicht das Wesentliche, sondern einfach mal so [...] Na ja, wie es halt oft so ist: Wenn man über Dinge reden kann, dann erleichtert einem das auch vieles. (Vater H)

*Wissensebene:* Durch den Austausch bei Väterveranstaltungen über Fragen des Alltags und den Umgang mit der Behinderung der Kinder können die Väter ihr Wissen über Bewältigungsmöglichkeiten und Handlungsoptionen erweitern. Väter von jüngeren Kindern können z. B. von den Erfahrungen und Einschätzungen der Väter älterer Kinder profitieren und natürlich auch vom Wissen der Fachkräfte. Spezielle Informations- und Bildungsveranstaltungen zum Themenbereich Behinderung zielen auf die Erweiterung der Wissensebene.

> Die (Erwartungen an die Veranstaltungen, L. B.) sind erfüllt worden. Ich sag mal, ich glaub, mir geht's ja in der Hauptsache darum, dass man sagt, man lernt die Väter näher kennen, man lernt auch ein bisschen kennen, welches Kind gehört zu welchem Vater, damit man einfach, ich sag mal, da noch einen intensiveren oder vernünftigeren Dialog führen kann. Und das ist schwierig, wenn du nicht weißt, welcher Vater gehört jetzt da zu welchem Kind usw., also das ist eigentlich das Ziel an dieser ganzen Geschichte. Und dass man halt, ich sag mal, einen Informationsaustausch betreibt, vielleicht auch mal über das normale mit dem Kind zu tun, hinaus. Wie macht ihr das bei euch, wie ist das, wo habt ihr Schwierigkeiten, was läuft gut, dass man da einfach mal ein bisschen mehr Input noch kriegt. (Vater F)

*Einstellungs- und Verhaltensebene:* Bei gemeinsamen Veranstaltungen erleben die Väter andere Väter und die beteiligten Fachkräfte im Umgang mit den Kindern und können so an deren Modell lernen. Sie erfahren etwas über deren Einstellungen, deren handlungsleitende Orientierungen und über deren direkten Umgang mit den Kindern. Dabei erleben sie auch die anderen Kinder. Dadurch erhalten sie eine zusätzliche Reflexionsfolie für die Beziehung zu ihrem eigenen Kind. Wenn sie sich auf eine Kommunikation über eigene Bedürfnisse und Gefühle einlassen, erfahren sie zudem, dass das in anderen von Vertrauen geprägten Konstellationen ebenfalls sinnvoll und hilfreich sein kann.

> Da hat sich jetzt eine Geschichte ergeben. Und da ist es halt so, dass man ab und zu mal telefoniert. Oder wenn man mal einen Schmerz hat bei der Linda, die jetzt grad in der Pubertät ist, wo man natürlich dann auch ganz schön kämpfen muss mit gewissen Spinnereien, wo man dann zumindest auch einen gewissen Austausch hat. (Vater F)

Ebenso können Vater-Kind-Veranstaltungen Einfluss auf die Aufgabenteilung in der Familie haben und ein ev. bestehendes Maternal Gatekeeping – die Verteidigung der familialen Zuständigkeit durch die Mütter – abschwächen. Durch die gemeinsamen Vater-Kind-Veranstaltungen können das Misstrauen und die Sorge der Mütter entschärft werden, ob die Väter angemessen mit den Kindern umgehen. Beim Beispiel der Vater-Kind-Übernachtung hatten einige Mütter anfangs Schwierigkeiten, den Vätern die erforderlichen Kompetenzen zuzusprechen und mussten von der Einrichtungsleitung überzeugt, vielleicht auch überredet werden. Nach den guten Erfahrungen mit der ersten Übernachtung, die ohne Zwischenfälle verlief, konnten die – offensichtlich unberechtigten – Befürchtungen der anderen Mütter zerstreut werden.

*Sozio-ökonomische Rahmeneffekte:* Wenn sich aus den Veranstaltungen weitere Kontakte ergeben, können die Väter ihre (Unterstützungs-)Netzwerke und sozialen Ressourcen erweitern. Ebenso können Empowermentprozesse und Selbstorganisation gefördert werden.

> [...] Das hat mir dann auch ein Vater erzählt. Dann hab' ich gefragt, wie das mit den Müttern ist, und dann hat er auch gemeint, nö, die wollten das Konzept schon weiterführen und haben die

Mamas dann zu Hause gelassen. Also die haben da wohl auch nachgefragt, aber die haben es dann tatsächlich – sind selber zum Kegeln gefahren. (Psychologe Tagesstätte)

Wie bereits oben beschrieben, kann auch eine vertrauensvollere Kommunikation und bessere Vernetzung mit den Fachkräften entstehen. Wenn über die Bewältigung des Alltags mit anderen Vätern und Fachleuten gesprochen wird, können Erfahrungen mit Unterstützungsleistungen und deren Inanspruchnahme ausgetauscht werden (z. B. geeignete Hilfsmittel, Erfahrungen mit Behörden, die Durchsetzung von Ansprüchen) und dadurch ergibt sich oftmals eine Erweiterung der Ressourcen.

### 5.2.4 Väterangebote und das Konzept der Salutogenese

Das Konzept der Salutogenese von Aaron Antonovsky (1997) mit seinem Konstrukt des Kohärenzgefühls bietet die Möglichkeit, die Anforderungen an Problembewältigungskompetenz anhand der drei Dimensionen Verstehbarkeit, Handhabbarkeit und Sinnhaftigkeit zu beschreiben. Unsere Ergebnisse verweisen darauf, dass eine gelingende Männer- und Väterarbeit, besonders die für Väter von Kindern mit Behinderung, an diesen Dimensionen ansetzt, allerdings in unterschiedlicher Intensität. Aus unseren Befunden ergibt sich, dass Väter zunächst Erfahrungen der Handhabbarkeit machen müssen, bevor sie sich mit der Sinnfrage auseinandersetzen. Sie finden sich schneller mit der Diagnose ab und schalten dann um auf „Wir kriegen das schon hin". Sollen sie sich gleich mit der Sinnfrage auseinandersetzen „Warum ist das uns widerfahren?", empfinden sie das als nicht hilfreich.

Väter brauchen Erfahrungen der Machbarkeit, Herausforderungen, die sie angehen können, Unternehmungen mit ihren Kindern, die sie vielleicht allein nicht machen würden, bevor sie sich mit Sinnfragen auseinandersetzen. Gruppenangebote bieten Gelegenheiten solche Erfahrungen mit anderen zu teilen, Herausforderungen anzunehmen und zu bewältigen (z. B. erlebnispädagogisch, allein oder mit ihren Kindern). Darüber kommen sie mit anderen Vätern oder Fachkräften ins Gespräch, und es kann das Bedürfnis entstehen, sich mit anderen auch über Fragen des Warum und des Sinns auseinanderzusetzen. Solche Erfahrungen tragen mit dazu bei, dass sie im Prozess der Auseinandersetzung zu einer anderen Bewertung ihrer Situation kommen und das Zusammenleben mit ihrem Kind als Erweiterung ihres Sinnhorizonts und Bereicherung einordnen können.

Die Fragen der Verstehbarkeit korrespondieren eher mit den Aspekten der Information und des Wissens über die Behinderungen der Kinder, über die Beeinträchtigungen, die sich daraus ergeben, aber auch die Potenziale an Entwicklung, Spaß und Freude, die sich in der Beziehung zum Kind realisieren lassen. Der eher technische Zugang von Männern und Vätern zu alltäglichen und besonderen Herausforderungen kann hier durchaus hilfreich sein.

### 5.2.5 Lerneffekte in den Einrichtungen

Das Projekt „Angebote für Väter von Kindern mit Behinderung" hat gezeigt, dass Väter offen und dankbar für Gelegenheiten zur Beschäftigung mit ihren Kindern und zum Austausch mit anderen Vätern sind. Interdisziplinäre Frühförderstellen, integrative Kindertagesstätten, Nachsorgeeinrichtungen und andere Einrichtungen der Behindertenhilfe können diese Väter durchaus erreichen und mit entsprechenden Angeboten unterstützen. Allerdings sind dafür ein langer Atem sowie eine aktive konzeptionelle Auseinandersetzung in den Einrichtungen erforderlich. Allen drei kooperierenden Einrichtungen ist gemeinsam, dass sie für die Entwicklung und Durchführung dieser Angebote nicht über angemessene zeitliche Ressourcen verfügen. Teilweise konnte der Mitarbeiter der Fachstelle diese zeitliche Lücke durch seine Unterstützung schließen. Dennoch investierten die Einrichtungen viel Zeit, die sie nicht refinanzieren konnten. Jedoch nicht nur in zeitlicher Hinsicht, auch in fachlicher und methodischer Hinsicht war ein „Spezialist", der von außen dazukam, für die Entwicklung und Durchführung der Veranstaltungen unabdingbar. Nach dieser „Etablierungsphase" zeigten sich in den teilnehmenden Einrichtungen jedoch durchaus nachhaltige Entwicklungen, die dort angestoßen wurden.

In der teilnehmenden Tagesstätte für Kinder mit Behinderung stießen die Angebote zu Aktivitäten von Vätern mit ihren Kindern auf große Resonanz. Der externe Begleiter war der Katalysator, der mit seiner Kompetenz den Prozess anschieben und unterstützen konnte. Dabei konnte bereits in der Planungsphase neben den Kollegen der Tagesstätte ein Vater aus dem Elternbeirat beteiligt werden, der die Veranstaltungen unterstützt und teilweise mitgeplant hat. Die Veranstaltungen folgten dem Wunsch der Väter, etwas mit ihren Kindern gemeinsam zu unternehmen. In der Folge wurden weitere Veranstaltungen geplant, die dann ohne externe Unterstützung in Eigenverantwortung durchgeführt wurden (vor allem Vater-Kind-Nachmittage). Inzwischen sind die Väterangebote zu einem integralen Bestandteil der Tagesstätte geworden und eine weitere Ausdehnung steht an, ein gemeinsames Vater-Kind-Campingwochenende.

Im teilnehmenden Sozialpädiatrischen Zentrum richteten sich die Angebote an die Väter allein bzw. Väter und Mütter. Dabei zeigten sich einzelne Väter sehr interessiert an Kontakten mit anderen Vätern, andere sind in traditionelle Strukturen eingebunden und zeigten wenig Bedarf nach Austausch unter betroffenen Vätern. Da im Leistungskatalog der Krankenkassen solche Angebote nicht vorgesehen sind, erwies sich die Umsetzung, auch mit externer Unterstützung, als schwierig. Gleichwohl erzielte das Projekt seine Wirkung. Obwohl die Väter im Team des SPZ schon immer im Bewusstsein der Fachkräfte waren, wurden sie nun in den Fallbesprechungen stärker thematisiert und aktiver zu den Terminen eingeladen. Darüber hinaus sind Überlegungen entstanden, Sprechstunden am Samstag anzubieten, da die Väter dann ggf. kommen können.

In der Nachsorgeeinrichtung richteten sich die Angebote an die gesamte Familie. Da hier v. a. Väter von Kleinkindern angesprochen wurden, wollten diese die oft begrenzte Zeit für ihre Familie auch mit ihr verbringen. Als günstiger Bereich für Angebote an die Familie kristallisierte sich der Bereich „tiergestützte Therapie" heraus. Aus den Erfahrungen mit diesen Familienwanderungen ist die Idee entstanden, die Väter im neu errichteten Therapiezentrum aktiv einzubinden. Die Mitwirkung der Väter wurde konzeptionell verankert und eine Gruppe von Vätern etabliert, die sich im Außenbereich der Einrichtung handwerklich engagieren. Das ist künftig einer der Ausgangspunkte, um Väter miteinander in Kontakt und in einen gegenseitigen Austausch zu bringen.

Charakteristisch an diesen Beispielen ist, dass erfolgreich durchgeführte Veranstaltungen die Leitungs- und Fachkräfte ermutigen, die damit verbundenen Konzept- und Angebotsanpassungen beizubehalten und fortzuschreiben.

Von vergleichbaren Entwicklungen berichten auch Fachkräfte aus anderen Einrichtungen, mit denen wir sprechen konnten. In der integrativen Kindertagesstätte wurden die Väter bis zur ersten Vater-Kind-Übernachtung auch vergleichsweise wenig einbezogen. Bei Elterngesprächen wurden sie eher als Begleiter ihrer Frauen wahrgenommen. Das hat sich mit der o. g. Aktion gründlich geändert.

> Und der andere Papa war aber mit seinem Sohn dabei, der einfach auch ein besonderes Kind war; und der eh immer ein bisschen immer so zurückhaltend war. Der war immer so [...] also: Red' jetzt mich nicht unbedingt an. Der ist eher so ein zurückhaltender Papa. Aber war eigentlich auch immer bei Elterngesprächen mit dabei, hat nicht viel g'sagt, aber das war dann okay und war meistens auch das Richtige. Aber der Kontakt dann zu den anderen Vätern bei der Übernachtung [...] Ja, das war gut. Also da hat er sich auch öffnen können, da haben sie auch miteinander kommuniziert. (Leitung integrative Kindertagesstätte)

Das selbst organisierte Väter-Kind-Übernachten zum Schuljahresende ist zur festen Veranstaltung geworden. Inzwischen machen die Kinder, die aus der Einrichtung in die Grundschule entlassen werden, ihre Väter darauf aufmerksam, dass da ein gemeinsamer Termin anstehe. Und Väter organisieren sich problemlos selbst und sind – bereits bei der Planung und Vorbereitung der Übernachtung – stärker in die Kooperation mit der Einrichtung einbezogen.

In einer Einrichtung der interdisziplinären Frühförderung wurde die Idee, Väter stärker einzubinden, durch einen Vortrag des Mitarbeiters der Fachstelle im gesamten Team wieder neu belebt. Der Psychologe im Team entwickelte mit ihm auch neue Angebote für Väter. Getragen wurde dieser Ansatz sowohl von allen Mitgliedern des Teams als auch von der Leitung. Als förderlich erwies sich in der Einrichtung auch das heilpädagogische Reiten als Angebot, zu dem die Väter ihre Kinder öfter begleiten als etwa zur Logopädiesitzung. Der dadurch mögliche direkte Kontakt der Fachkräfte zu den Vätern wird inzwischen auch konzeptionell genutzt.

Neben der Entwicklung spezifischer Angebote und Veranstaltungen für Väter ist in den Einrichtungen auch eine Sensibilisierung für die Arbeit mit den Vätern festzustellen. In den Teams sind Väter, ihre Anwesenheit, Abwesenheit und/oder Mitwirkung wieder bzw. stärker Thema, etwa wenn eine Kollegin sagt, „Ich habe noch nie so viele Väter dabeigehabt, die ihre Kinder zum Reiten bringen." (Heilpädagogin Interdisziplinäre Frühförderung)

Der Psychologe der Tagesstätte berichtet von Synergie- und Nebeneffekten, die sich aus dem Angebot für die Väter ergeben. Obwohl es eigentlich nur ein weiteres Elternprojekt ist, stellt er eine aktivere Teilnahme von Vätern und Müttern an Veranstaltungen wie Nikolaus- oder Weihnachtsfeiern fest, ebenso deren erhöhte Präsenz in der Einrichtung. Daraus resultiert auch ein verbesserter Kontakt zwischen Eltern und Mitarbeitenden. Eltern treten vermehrt als Familie auf und kommen so auch leichter mit der Einrichtung und mit anderen Eltern in Kontakt. Daraus resultiert auch eine Vereinfachung der Zusammenarbeit mit den Eltern, etwa wenn frühzeitig und offen über Probleme und sich abzeichnende Konflikte bei der Betreuung der Kinder gesprochen wird.

# 6 Väter an Bord – Leitlinien für die Praxis

Väter sind bislang wenig im Fokus der Einrichtungen, die mit behinderten Kindern arbeiten, obgleich sie in ihrer Familie und für ihre Kinder eine wichtige Rolle einnehmen und sich ebenso wie die Mütter mit der Behinderung ihres Kindes auseinandersetzen.

Um abschließend die Metapher des Bootes wieder aufzugreifen, sollte das Ziel der Einrichtungen sein, die Väter nicht nur an Bord zu holen, sondern – wie Antoine de Saint-Exupéry sagt – „die Sehnsucht nach dem endlosen, weiten Meer" in ihnen zu wecken, damit sie sich am Bau und der Kurssetzung beteiligen bzw. immer mehr das Steuer selbst in die Hand nehmen. Nimmt man die Befunde aus der Literatur und die Ergebnisse des Modellvorhabens als Ausgangspunkt für abschließende Empfehlungen, lassen sich diese auf mehreren Ebenen formulieren (Behringer et al. 2014). Diese Überlegungen sollen dazu beitragen, dass Väter von Kindern mit Behinderung ihren Platz in den Einrichtungen der Behindertenhilfe finden und alle Beteiligten davon profitieren – die Kinder, die Väter, die Mütter, die Geschwisterkinder und die Mitarbeitenden in den Einrichtungen.

## 6.1 Strukturelle Überlegungen – ein sicherer Hafen als Basis

*Geschlechtsbewusste Konzeption und Realisierung der Angebote:*
Zu hinterfragen ist, wie mütter- und väterfreundlich (frauen- und männerfreundlich) die Einrichtung bzw. Organisation im Hinblick auf die Grundhaltung, die Kontaktaufnahme, die zeitlichen Rahmenbedingungen, die geschlechtsspezifischen Unterschiede in Erziehungsfragen etc. ist. Ebenso, ob eine (bewusste) geschlechtsspezifische Parteilichkeit gewollt ist. Es ist darauf zu achten, ob alle Prozesse und Angebote der Einrichtung geschlechtssensibel entwickelt und mit Blick auf die Geschlechtsdimension analysiert, kontrolliert und weiterentwickelt werden.

*Väterangebote brauchen eine konzeptuelle Verankerung:*
Väterarbeit beginnt mit einer strategischen Entscheidung der Organisation, ob Väter gezielt angesprochen werden sollen. Der darauffolgende Schritt ist die Erstellung eines Konzepts für Väterarbeit, das Veränderung von Familienstrukturen, Geschlechter und Elternrollen sowie aktuelle Befunde der Väterforschung berücksichtigt und auf einer wertschätzenden Grundhaltung gegenüber Vätern beruht. Wichtig ist auch, noch mehr über die Bedürfnisse von Vätern und vor allem von Vätern behinderter Kinder zu erfahren.

*Väterangebote kosten Geld und brauchen Zeit:*
Spezifische Angebote für Väter sind nicht im Leistungskatalog der Krankenkassen oder anderer Kostenträger vorgesehen. Die Entwicklung und Durchführung von Ver-

https://doi.org/10.1515/9783110669152-006

anstaltungen für Väter benötigt aber finanzielle und zeitliche Ressourcen, die refinanziert werden müssen.

*Väterarbeit ist ein Prozess:*
Die Etablierung von Gruppenangeboten für Väter benötigt Zeit und setzt eine Auseinandersetzung der Einrichtungen mit der Frage voraus, welche Ziele und Erwartungen sie mit Väterarbeit verbinden.

## 6.2 Wertschätzung der Väter – ruhiges Wasser und Sonne

*Väter sind wichtig:*
Entwicklungspsychologische Befunde weisen darauf hin, dass Väter eine hohe Bedeutung für die Entwicklung ihrer Kinder haben. Denn Kinder bauen eine Bindungsbeziehung zu ihren Vätern auf, und diese ermöglichen ihnen andere Erfahrungen als ihre Mütter. Die Bedeutung der Väter für die Entwicklung der Kinder ist in der Arbeit der Einrichtungen hervorzuheben. Aber auch die Väter selbst haben ein großes Interesse, die Entwicklung ihrer Kinder zu begleiten. Professionelle müssen deshalb auch die Väter sowohl in Fragen der Diagnostik und Förderung ihrer Kinder als auch der Belastung und Bewältigung ihrer Situation unterstützen. Das setzt eine konzeptionelle Verankerung der Arbeit mit Vätern voraus.

*Väter leisten in den Familien viel:*
Die Arbeit mit Vätern sollte auf einem positiven Vaterbild beruhen. In den meisten Familien folgen die familialen Zuständigkeiten einer traditionellen Arbeitsteilung, und die zeitlichen Ressourcen für die Familie sind beschränkt. Gleichwohl zeigen Väter ein hohes Interesse, aktiv Fürsorgeaufgaben zu übernehmen und sich an der Pflege und Versorgung ihres Kindes zu beteiligen. Dies gilt es wertzuschätzen.

*Der Schock trifft auch die Väter:*
Auch Väter brauchen jemanden, der da ist, ihnen zuhört und Interesse an ihrer Situation zeigt. Sie haben einen Informationsbedarf und viele Fragen zur Diagnose, zu Abläufen in der Klinik und zu alltäglichen Anforderungen durch ihr Kind. Ihr eher technischer Zugang zu Fragen der Behinderung und der Entwicklung des Kindes sollte als Stärke wahrgenommen werden, nicht als Abwehr. Dementsprechend ist der Fokus der Gespräche zunächst auf ihre Kompetenz und Autonomie, nicht auf ihre Probleme und damit verbundene (Versagens-)Gefühle zu richten.

*Väter müssen wahrgenommen werden:*
In vielen Einrichtungen der Behindertenhilfe wird die Bedeutung von Elternarbeit sehr deutlich gesehen. Dabei wird aber noch zu häufig übersehen, dass Mütter und Väter jeweils eigene und spezifische Bindungs- und Erziehungspersonen sind, die in

ihren je eigenen Bedürfnissen und Kompetenzen angesprochen werden müssen. Besonders Väter werden in dem weiblich dominierten Bereich, in dem nur selten männliche Fachkräfte vorhanden sind, oft nicht angemessen beachtet. Das kann dazu führen, dass sie sich mit ihren Wahrnehmungen und Empfindungen noch stärker zurückhalten. Hilfreich wäre es in diesem Zusammenhang, den Männeranteil auch in Feldern der Behindertenhilfe zu erhöhen. Damit einher geht die für alle Fachkräfte geltende politische Forderung einer angemessenen Anerkennung und Vergütung sozialer Berufe.

## 6.3 Die Meinung der Väter einholen – den Untergrund ausloten

*Väter sollen gehört und beteiligt werden:*
Wichtig ist es, noch mehr über die Bedürfnisse und Ressourcen von Vätern und vor allem von Vätern von Kindern mit Behinderung zu erfahren. Hierfür ist es sinnvoll, gezielt das Gespräch mit Vätern zu suchen und zusätzlich entsprechende Befragungen durchzuführen.

*Väter brauchen väterfreundliche Zeitstrukturen:*
Die zeitlichen Strukturen einer Einrichtung sind häufig nicht mit Arbeitszeiten berufstätiger Väter kompatibel. Um Väter besser erreichen zu können bzw. ihnen den Zugang zu erleichtern, sind Sprechstunden am Abend oder Angebote am Wochenende erforderlich.

*Der Bedarf orientiert sich an den Vätern, nicht an der Einrichtung:*
Ort und Dauer der Angebote für Väter bemessen sich an den Bedürfnissen der Väter und sollten mit ihnen abgesprochen werden. Dafür ist es hilfreich, im Vorfeld diese Bedürfnisse und Interessen als Bedarf zu erheben und die Ziele inhaltlich wie zeitlich mit den Vätern abzustimmen, z. B. Wissensvermittlung, Erfahrungsaustausch, Beziehung zum Kind, Freizeitgestaltung, Durchführung am Wochenende oder unter der Woche usw. Ein übergreifendes Ziel stellt dabei die Partizipation der Väter in der Planung und Organisation der Veranstaltungen dar.

## 6.4 Angebote gestalten – Planken einziehen

*Väter handeln lieber:*
Väter haben Interesse am Austausch, an Kommunikation und Information. Das sollte aber möglichst nebenbei, im Rahmen gemeinsamer Aktionen geschehen. Daraus ergeben sich auch tiefgründige Gespräche, die durchaus in Gesprächsgruppen münden können. Angebote an Väter müssen deshalb attraktiv sein und sollten Möglichkeiten zu herausfordernden Erfahrungen beinhalten.

*Väter haben gern ihre Kinder dabei:*
Da die Zeit für die Kinder durch die Berufstätigkeit ohnehin begrenzt ist, möchten Väter bei Veranstaltungen am Wochenende gern ihre Kinder dabei haben. Das ermöglicht ihnen neue Erfahrungen mit ihren Kindern, wirkt der Hauptzuständigkeit der Mütter für die Kindererziehung entgegen und gleichzeitig werden die Frauen von familialen Aufgaben entlastet. Darüber hinaus entstehen bei der Anwesenheit von Kindern gleichsam von selbst Gelegenheiten für die Väter, sich über ihre Erfahrungen mit ihren Kindern, deren Stärken und Schwächen, aber auch über eigene Gefühle von Freude, Enttäuschung und Ärger auszutauschen, insgesamt also Gespräche mit anderen Vätern zu führen, die ähnliche Erfahrungen haben.

*Väter machen gern etwas mit ihrer Familie:*
Aufgrund der beruflichen Einbindung der Väter und der durch die alltägliche Belastung begrenzten Zeit für Freizeitaktivitäten für die gesamte Familie haben Väter bei Veranstaltungen gern ihre Familie dabei. Dies gilt vor allem, wenn die Kinder noch klein sind. Angebote an die gesamte Familie verbinden dieses Interesse mit der Möglichkeit, mit anderen Familien, mit anderen Vätern sowie mit Fachkräften ins Gespräch zu kommen.

*Väter brauchen andere Männer:*
Väter kommen über gemeinsame Aktionen schnell in Kontakt und in einen – mitunter auch intensiven – Austausch über ihre Erfahrungen. Gleichzeitig dienen andere Väter auch als Modell für eine aktive Vaterschaft. Neben anderen Vätern in der Gruppe ist ein männlicher Ansprechpartner, der die Väterangebote initiiert und begleitet, mit seinem Methodeninventar unterstützt und für Gespräche zur Verfügung steht, unverzichtbar. Dafür hat sich die Stelle eines einrichtungsübergreifend verfügbaren Väterreferenten als zwingend notwendig herauskristallisiert, dies umso mehr, als die Einrichtungen häufig über keinen männlichen Mitarbeiter verfügen.

## 6.5  Das Umfeld berücksichtigen – leichte Brise oder Gegenwind

*Ohne die Mütter geht nichts:*
Es hat einen Einfluss auf die Motivation der Väter, ob die Partnerin eine Teilnahme an Väterangeboten unterstützt oder sich dagegen ausspricht. Um die Mütter nicht auszugrenzen, können Angebote an die gesamte Familie mit Angeboten an Väter (mit Kindern) kombiniert werden.

*Auch die Kinder haben Wünsche:*
Die Möglichkeit, etwas allein mit ihrem Vater zu unternehmen, stellt einen hohen Anreiz für die Kinder dar. Angebote können sich dementsprechend auch an Kinder und ihre Väter richten. Damit Väter Gelegenheiten haben, ins Gespräch zu kommen, muss eine sichere Versorgung der Kinder gewährleistet sein.

## 6.6 Die Rolle der Experten – immer gut am Wind segeln

*Väter müssen nicht mit Samthandschuhen angefasst werden:*
Vätern geht es durchaus um ernsthafte Auseinandersetzungen mit ihrer eigenen Lebenssituation. Wenn sie darauf angesprochen werden, erschrecken sie nicht, sondern fühlen sich wahr- und ernstgenommen. Sie sind offen für den Austausch mit anderen Vätern sowie für Fragen von Professionellen.

*Väter in der Selbstorganisation unterstützen:*
Eine Einrichtung mit einem gendersensiblen Konzept sollte immer auch im Blick haben, dass die Väter durchaus in der Lage sind, ihre Angelegenheiten selbst in die Hand zu nehmen. Angebote an Väter könnten auch ein erster Schritt sein, um Väter zusammenzubringen. In diesem Sinne können Fachkräfte auch als Katalysator wirken, der Väter in ihrer Selbstorganisation stärkt.

*Externer Experte bringt Unterstützung:*
Fachkräfte, die in ihren Einrichtungen Väterarbeit etablieren und voranbringen möchten, sind auf stützende Strukturen angewiesen. Dies geht über finanzielle und zeitliche Ressourcen hinaus. Wichtig sind auch qualifizierte, systematische und nachhaltige Impulse, die eine Organisations- und Konzeptentwicklung unterstützen. Hilfreich ist dabei eine abrufbare Assistenz, die die Einrichtungen in der Entwicklung und Durchführung konkreter Angebote unterstützt sowie die Reflexion und Evaluation der Angebote ermöglicht. Das Rad muss nicht immer neu erfunden werden, deshalb empfehlen sich auch Kooperationen mit Einrichtungen der Familien-, Eltern- und/oder Väterbildung.

Abschließend bleibt noch, auf drei Dinge hinzuweisen:
1. Die Unterstützung von Vätern muss politisch gewollt sein! Politische Maßnahmen zur stärkeren Einbindung von Vätern in Fürsorge- und Erziehungsaufgaben erschöpfen sich nicht in den sog. Vätermonaten. Damit Väter auch im weiteren Verlauf stärker Familienaufgaben übernehmen und die Entwicklung ihrer Kinder begleiten können, damit Väter behinderter Kinder auch mehr die Förderung und Behandlung ihrer Kinder in den Betreuungseinrichtungen begleiten und mit ihren Bedürfnissen wahrgenommen werden können, bedarf es einerseits väterfreundlicher Arbeitszeiten und Arbeitsverhältnisse und andererseits einer höheren Attraktivität des psychosozialen Arbeitsfeldes für Männer.
2. Die hier aufgeführten Kriterien können weitgehend auch an Angebote für Mütter angelegt werden. Nicht nur die Rollen von Vätern haben sich verändert, auch die Rollen der Mütter differenzieren sich aus. Auch sie sind heute in den Einrichtungen weniger präsent, wenn sie selbst berufstätig sind und die Förderung und Therapie ihrer Kinder im Kindergarten oder in der Tagesstätte stattfinden. Das erfordert, auch ihre (neuen) Bedürfnisse immer wieder in den Blick zu nehmen.

3.  Im Sinne einer inklusiven Gesellschaft sollte darauf hingewirkt werden, dass sich Angebote an alle Väter richten. Die Übernachtungen der Väter mit ihren Kindern (mit und ohne Behinderung) im integrativen Kindergarten haben gezeigt, dass alle Väter Interesse aneinander und an den Kindern haben, unabhängig von deren Besonderheiten. Denn besonders sind sie alle.

# Literatur

Ahnert, Lieselotte (2016): „Mütter müssen Väter machen lassen." In: DJI Impulse, Heft 1, S. 21–22.

Antonovsky, Aaron (1997): Salutogenese. Zur Entmystifizierung der Gesundheit. Deutsche Herausgabe von Alexa Franke. Tübingen.

Baronsky, Alexandra; Gerlach, Irene (2011): Väter als Adressaten der deutschen Familienpolitik. In: BMFSFJ (Hrsg.): Vaterschaft und Elternzeit. Expertise im Auftrag der Geschäftsstelle des Zukunftsrats Familie bei der Prognos AG. Berlin, S. 7–8.

Baumgarten, Diana; Borter, Andreas (2017): Vaterschaftsurlaub Schweiz. MenCare Schweiz-Report Vol. 2. Schweizerisches Institut für Männer- und Geschlechterfragen SIMG. Burgdorf/Zürich.

Bayerisches Staatsministerium für Arbeit und Soziales, Familie und Integration (2017): „Das ist mal was Neues würd' ich sagen." Angebote für Väter von Kindern mit Behinderung – eine Handreichung für die Praxis. URL: https://www.bestellen.bayern.de/application/eshop_app000000?SID=687243160&ACTIONxSESSxSHOWPIC(BILDxKEY:%2710010663%27, BILDxCLASS:%27Artikel%27,BILDxTYPE:%27PDF%27) (letzter Aufruf: 08.04.2019).

Becker-Stoll, Fabienne (2014): Die Vielfalt väterlichen Engagements und ihre Auswirkungen auf die kindliche Entwicklung. In: Jurczyk, Karin; Lange, Andreas; Thiessen, Barbara (Hrsg.): Doing Family. Warum Familienleben heute nicht mehr selbstverständlich ist. Weinheim/Basel, S. 279–293.

Behringer, Luise; Gmür, Wolfgang; Hackenschmied, Gerhard; Wilms, Daniel (2019): Väter im Fokus – auch in der Frühförderung?! In: Gebhard, Britta; Möller-Dreischer, Sebastian; Seidel, Andreas; Sohns, Armin (Hrsg.): Frühförderung wirkt – von Anfang an. Stuttgart, S. 62–70.

Behringer, Luise; Gmür, Wolfgang; Hackenschmied, Gerhard; Wilms, Daniel (2018): Arbeit mit Vätern von Kindern mit Behinderung. In: Frühförderung interdisziplinär, 37. Jg., S. 63–72.

Behringer, Luise; Wilms, Daniel (2016): Väter von Kindern mit Behinderung – der „vernachlässigte" Elternteil? In: Gebhard, Britta; Seidel, Andreas; Sohns, Armin; Möller-Dreischer, Sebastian (Hrsg.): Frühförderung mittendrin – in Familie und Gesellschaft. Stuttgart, S. 82–89.

Behringer, Luise; Gmür, Wolfgang; Hackenschmied, Gerhard (2014): Arbeit mit Vätern von Kindern mit Behinderung. Abschlussbericht der wissenschaftlichen Begleitung. Benediktbeuern. URL: http://www.ipp-muenchen.de/texte/2015_10_vaeter_bericht.pdf (letzter Aufruf: 08.04.2019).

Behringer, Luise (2012): Familie und Kinder in Deutschland – abgehängt oder mittendrin? Frühe Hilfsangebote zur Teilhabe. Frühförderstellen als Partner und Lotsen. In: KJF Regensburg: Dokumentation der Fachtagung am 10. November 2010 in Regensburg, S. 15–26. URL: https://www.kjf-regensburg.de/documents/10502/15935/fruehfoerderstellen.pdf/adb46288-30c1-4331-a11f-c707754370f1 (letzter Aufruf: 08.04.2019).

Behringer, Luise (2001): Zur Situation von Familien. Reflexion aus der Arbeit mit Elternselbsthilfegruppen. In: Frühförderung interdisziplinär, 20. Jg., S. 157–165.

BMFSFJ (2018): Väterreport. Vater sein in Deutschland heute. Berlin. 3. aktualisierte Auflage. URL: https://www.bmfsfj.de/blob/127268/2098ed4343ad836b2f0534146ce59028/vaeterreport-2018-data.pdf (letzter Aufruf: 23.05.2019).

BMFSFJ (2017a): Familien mit Migrationshintergrund. Berlin. URL: https://www.bmfsfj.de/blob/116880/83c02ec19dbea15014d7868048f697f2/gelebte-vielfalt--familien-mit-migrationshintergrund-in-deutschland-data.pdf (letzter Aufruf: 23.05.2019).

BMFSFJ (2017b): Familienreport 2017. Leistungen, Wirkungen, Trends. Berlin. URL: www.bmfsfj.de/blob/119524/f51728a14e3c91c3d8ea657bb01bbab0/familienreport-2017-data.pdf (letzter Aufruf: 08.04.2019).

BMFSFJ (2015): Familienreport 2014. Leistungen, Wirkungen, Trends. Berlin.

https://doi.org/10.1515/9783110669152-007

Böhm, Ingrid; Kardorff, Ernst v. (1989): Abschlußbericht der wissenschaftlichen Begleitforschung zum Langauer Modell zur Entwicklung und Förderung eigenverantworteter Elternarbeit in der Frühförderung: Januar 1987–Dezember 1989.

Buchholz, Wolfgang; Höfer, Renate; Gmür, Wolfgang; Straus, Florian (1984): Lebenswelt und Familienwirklichkeit. Studien zur Praxis der Familienberatung. Frankfurt/Main, New York.

Bundesamt für Statistik der schweizerischen Eidgenossenschaft (2017): Familien in der Schweiz. Statistischer Bericht 2017. Anhang des Familienberichts 2017. Bericht des Bundesrates vom 26. April 2017 in Erfüllung der Postulate 12.3144 Meier-Schatz vom 14. März 2012 und 01.3733 Fehr vom 12. Dezember 2001, Neuchâtel. URL: https://www.bfs.admin.ch/bfs/de/home/statistiken/kataloge-datenbanken/publikationen.assetdetail.2347880.html (letzter Aufruf 23.05.2019).

Bundesamt für Statistik der schweizerischen Eidgenossenschaft (2019): Einfamilienhaushalte mit mindestens einem Kind unter 18 Jahren. URL: https://www.bfs.admin.ch/bfs/de/home/statistiken/bevoelkerung/familien/formen-familienleben.assetdetail.7486179.html (letzter Aufruf 23.05.2019).

Bundesamt für Statistik der schweizerischen Eidgenossenschaft (2016): Lohnunterschied zwischen Frauen und Männern. URL: www.bfs.admin.ch/bfs/de/home/statistiken/kataloge-datenbanken/grafiken.assetdetail.1685300.html (letzter Aufruf: 08.04.2019).

Bundesforum Familie (2015): Familie ist Vielfalt. Inklusion leben – Teilhabe sichern. URL: http://bundesforum-familie.de/familie/wp-content/uploads/2015/12/BFF_2015_Familie_ist_Vielfalt_Inklusion_leben_Teilhabe_sichern.pdf (letzter Aufruf: 08.04.2019).

Bundesministerium für Familien und Jugend Österreich (2017): Auswertung Väterbeteiligung beim Kinderbetreuungsgeld (Stand 21.04.17, Geburten bis 28.02.17) URL: www.bmfj.gv.at/dam/jcr:44ccac58-8d8b-40f4-9953-a85ffafeed65/V&auml;terbeteiligung%20Bundesl&auml;nder%20Stand%20April%202017.pdf (letzter Aufruf: 2019).

Burwick, Andrew; Bellotti, Jeanne (2005): Creating Paths to Father Involvement: Lessons from Early Head Start. In: Issue Brief. Timely Information from Mathematica, Number 1. URL: http://www.mathematica-mpr.com/~/media/publications/PDFs/creatingpaths.pdf (letzter Aufruf: 08.04.2019).

Cerny, Doreen (2003): Die Rolle des Vaters in der Frühförderung. Magisterarbeit zur Erlangung des akademischen Grades Magistra Artium (MA). Universität Jena.

Derlega, Valerian J.; Berg, John H. (Hrsg.) (1987): Self-disclosure: theory, research, and therapy. New York.

Doege, Daniela (2017): Bewältigungsverhalten bei Eltern von Kindern mit geistiger Behinderung. Quantitative und qualitative Untersuchung von Bewältigungsmustern. Dissertation. Heidelberg. URL: https://archiv.ub.uni-heidelberg.de/volltextserver/23796/1/Dissertation%20Daniela%20Doege.pdf (letzter Aufruf: 08.04.2019).

Döge, Peter (2007): Männer – auf dem Weg zu aktiver Vaterschaft. In: Politik und Zeitgeschichte, 7, S. 27–31.

Eckert, Andreas (2014): Familien mit Kindern mit einer Behinderung: Leben im Spannungsfeld von Herausforderung und Zufriedenheit. In: Teilhabe 1, Jg. 53, S. 19–23.

Eckert, Andreas (2012): Familie und Behinderung. Studien zur Lebenssituation von Familien mit einem behinderten Kind. 2. Aufl. Hamburg.

Eckert, Andreas (2002): Eltern behinderter Kinder und Fachleute. Erfahrungen, Bedürfnisse und Chancen. Bad Heilbrunn.

Eickhorst, Andreas (2005): Vater-Erleben, integrative Kompetenzen und Wohlbefinden. Dissertation. Universität Osnabrück. URL: https://repositorium.ub.uni-osnabrueck.de/bitstream/urn:nbn:de:gbv:700-2005061713/2/E-Diss427_thesis.pdf (letzter Aufruf: 08.04.2019).

Engelbert, Angelika (1999): Familien im Hilfenetz. Weinheim/München.

Flammer, August (1996): Entwicklungstheorien. (2. vollständig überarbeitete Auflage). Bern.

Fröhlich, Andreas (2007): Die Einsamkeit des Vater-Seins. Väter in der Frühförderung. In: Frühförderung interdisziplinär, 26. Jg., 3, S. 99–106.

Fthenakis, Wassilios E.; Minsel, Beate (2002): Die Rolle des Vaters in der Familie. Schriftenreihe des Bundesministeriums für Familie, Senioren, Frauen und Jugend, Stuttgart.

Fuchs, Regina (2017): Familien und Erwerbstätigkeit 2016. In: Statistische Nachrichten. 10/2017. S. 828–835.

Gloger-Tippelt, Gabriele (2011): Vaterschaft im humanökologischen Entwicklungsmodell. In: BMFSFJ (Hrsg.): Vaterschaft und Elternzeit. Expertise im Auftrag der Geschäftsstelle des Zukunftsrats Familie bei der Prognos AG. Berlin, S. 5–6.

Götz, Barbara (1997): Warum gerade ich? Behinderung in der Familie als Lebenskrise. In: Heinrich, Alfred (Hrsg.): Wo ist mein Zuhause? Integration von Menschen mit geistiger Behinderung. Stuttgart, S. 143–164.

Grossmann, Karin; Grossmann, Klaus (2004): Bindungen – Das Gefüge psychischer Sicherheit. Stuttgart.

Gumbinger, Hans-Walter; Bambey, Andrea (2009): Zwischen „traditionellen" und „neuen" Vätern. Zur Vielgestaltigkeit eines Wandlungsprozesses. In: Jurczyk, Karin; Lange, Andreas (Hrsg.): Vaterwerden und Vatersein heute, Neue Wege – neue Chancen! Gütersloh, S. 195–216.

Heckmann, Christoph (2004): Die Belastungssituation von Familien mit behinderten Kindern. Soziales Netzwerk und professionelle Dienste als Bedingungen für die Bewältigung. 1. Auflage, Heidelberg.

Henry-Huthmacher, Christine; Schmitz, Marcus (2010): Väter zwischen Karriere und Familie. Zukunftsforum Politik, Konrad Adenauer Stiftung. St. Augustin/Berlin.

Hintermair, Manfred (2003): Das Kohärenzgefühl von Eltern stärken. Eine psychologische Aufgabe in der pädagogischen Frühförderung. In: Frühförderung interdisziplinär, 22. Jg., 2, S. 61–70.

Hinze, Dieter (2007): Unterstützung von Eltern in der Verarbeitung von Behinderung bei ihrem Kind mit besonderem Blick auf die Situation der Väter. Symposion Frühförderung. Stuttgart.

Hinze, Dieter (1993): Väter und Mütter behinderter Kinder. Der Prozess der Auseinandersetzung im Vergleich. Heidelberg.

Huebener, Mathias; Müller, Kai-Uwe; Spieß, Katharina; Wrohlich, Katharina (2016): Zehn Jahre Elterngeld: Eine wichtige familienpolitische Maßnahme. In: DIW Wochenbericht 49, S. 1159–1166.

Hurrelmann, Klaus; Andresen, Sabine (2007): Kinder in Deutschland 2007. 1. World Vision Kinderstudie. Frankfurt/Main.

IfD Allensbach (2011): Monitor Familienleben 2011. Einstellungen und Lebensverhältnisse von Familien. Ergebnisse einer Repräsentativbefragung im Auftrag des Bundesministeriums für Familie. Berichtsband. URL: http://www.ifd-allensbach.de/uploads/tx_studies/Monitor_Familienleben_2011.pdf (letzter Aufruf: 08.04.2019).

Institut für Kindheit und Entwicklung (2017): Das humanökologische Entwicklungsmodell nach Bronfenbrenner für EBT 4–10. Ulm.

ISG (2007): ISG-Zwischenbericht: Leistungs- und Vergütungsstrukturen in der Frühförderung. Köln. URL: http://news.eformation.de/v3/client/media/193/data/6558.pdf (letzter Aufruf: 26.1.2008).

Jurczyk, Karin; Lange, Andreas; Thiessen, Barbara (Hrsg.) (2014): Doing Family. Warum Familienleben heute nicht mehr selbstverständlich ist. Weinheim/Basel.

Kallenbach, Kurt (2002): Vater eines behinderten Kindes. URL: https://www.familienhandbuch.de/familie-leben/familienformen/behinderung/vatereinesbehindertenkindes.php (letzter Aufruf 23.05.2019).

Kallenbach, Kurt (1997): Väter schwerstbehinderter Kinder. Münster.

Kammer für Arbeiter und Angestellte (2017): Kinderbetreuungsgeld. Die 2 Modelle für Geburten ab dem 1. März 2017. Wien.

Kardorff, Ernst v.; Ohlbrecht, Heike (2014): Familie und Familien in besonderen Lebenslagen im Kontext sozialen Wandels – soziologische Perspektiven. In: Wilken, Udo; Jeltsch-Schudel, Barbara (Hrsg.): Elternarbeit und Behinderung. Empowerment, Inklusion, Wohlbefinden. Stuttgart, S. 13–24.

Kindler, Heinz (2011): Vater als Bindungsperson/Einflüsse der Vater-Kind-Bindung auf die Entwicklung des Kindes. In: BMFSFJ (Hrsg.): Vaterschaft und Elternzeit. Expertise im Auftrag der Geschäftsstelle des Zukunftsrats Familie bei der Prognos AG. Berlin, S. 27–36.

Kofahl, Christopher; Lüdecke, Daniel (2014): Familie im Fokus – Die Lebens- und Versorgungssituation von Familien mit chronisch kranken und behinderten Kindern in Deutschland. Ergebnisse der Kindernetzwerk-Studie. Abteilung Prävention des AOK-Bundesverbandes. Berlin.

Krause, Matthias P. (2008). Elterliche Bewältigung von Behinderung – Forschungsergebnisse aus den Jahren 2000 bis 2006. In: Leyendecker, Christoph (Hrsg.): Gemeinsam Handeln statt Behandeln. Aufgaben und Perspektiven der Komplexleistung Frühförderung. München/Basel, S. 337–343.

Lamb, Michael E. (2012): Mothers, Fathers, Families and Circumstances: Factors Affecting Children's Adjustment. In: Applied Developmental Science, 16(2), S. 98–111.

Lamb, Michael E. (2000): The History of Research on Father Involvement: An Overview. In: Marriage and Family Review, Vol. 29, No. 2/3, S. 23–42.

Le Camus, Jean (2006): Vater sein heute. Für eine neue Vaterrolle. Weinheim/Basel.

Li, Xuan; Zerle-Elsäßer, Claudia; Entleitner-Phleps, Christine; Schier, Michaela (2015): Väter 2015: Wie aktiv sind sie, wie geht es ihnen und was brauchen sie? Eine aktuelle Studie des Deutschen Jugendinstituts. München.

Lloyd, Nigel; O'Brien, Margaret; Lewis, Charlie (2003): Fathers in Sure Start local Programmes. URL: www.ness.bbk.ac.uk/implementation/documents/160.pdf (letzter Aufruf: 08.04.2019).

Matzner, Michael (2004): Vaterschaft aus der Sicht von Vätern. Berlin/Heidelberg.

Meuser, Michael (2016): „Der neue Vater entpuppt sich erst". In: DJI Impulse 1, S. 8–10.

Müller-Zureck, Christiane (2010): Die Situation von Familien mit behinderten Kindern aus Elternperspektive. Familienhandbuch. URL: www.familienhandbuch.de/familie-leben/familienformen/behinderung/diesituationvonfamileinmitbehindertenkindern.php (letzter Aufruf: 08.04.2019).

Neuhauser, Alex; Schaub, Simone; Burkhardt, Anna; Lanfranchi, Andrea (2018): Psychosozial belastete Familien früh erkennen: Lessons learned aus der ZEPPELIN Studie. Vortrag auf der Tagung: Frühe Bildung – Eltern erreichen. Zürich, 24.1.2018.

Niedersächsisches Institut für frühkindliche Bildung und Entwicklung (2012): Jahresbericht 2010–2012. URL: https://www.nifbe.de/images/nifbe/Infoservice/Downloads/Jahresbericht_2010-2012_Forschungsstelle_Entwicklung_Lernen_und_Kultur.pdf (letzter Aufruf: 23.05.2019).

OECD (2017): Dare to Share: Germany's Experience Promoting Equal Partnerships in Families. OECD publishing, Paris. URL: http://dx.doi.org/10.1787/9789264259157-en (letzter Aufruf: 08.04.2019).

Pollmann-Schult, Matthias; Wagner, Mareike (2014): Vaterschaft im Kontext. Wie die Familiengründung die Erwerbstätigkeit von Männern beeinflusst. In: WZB Mitteilungen, Heft 143, S. 19–22.

Possinger, Johanna (2013): Wie neu sind die „neuen Väter"? Eine Erklärung von Johanna Possinger. Deutscher Verein für öffentliche und private Fürsorge e. V. Freiburg.

Raila, Petronilla (2014): „... und es beginnt ein neues Leben!" – Ein behindertes Kind verändert die Familie. Eine empirische Untersuchung zur Veränderung der innerweltlichen Situation von Familien durch die Geburt eines behinderten Kindes. Augsburg.

Retzlaff, Rüdiger (2016): Väter von Kindern mit Behinderungen. In: Eickhorst, Andreas; Röhrbein, Ansgar (Hrsg.): „Wir freuen uns, dass Sie da sind!" Beratung und Therapie mit Vätern. Heidelberg, S. 193–203.

Retzlaff, Rüdiger (2010): Familien-Stärken. Behinderung, Resilienz und systemische Therapie. Stuttgart.

Rolland, John S. (1994): Families, Illness and Disability – An integrative Treatment Model. New York.

Sarimski, Klaus (2010): Mütter mit jungen (schwer) geistig behinderten Kindern: Belastungen, Bewältigungskräfte und Bedürfnisse. In: Frühförderung interdisziplinär, 9. Jg., S. 62–72.

Sarimski, Klaus (1996): Präventive Beratung mit Eltern frühgeborener Kinder. In: Praxis der Psychomotorik 21, Nr. 4, S. 219–222.

Schäfer, Eberhard; Schulte, Marc (2016): Erfolgsfaktoren für die Arbeit mit Vätern oder: Was Akteure in Unterstützungs- und Hilfesystemen beachten sollten, wenn sie Arbeit mit Vätern auf den Weg bringen wollen. In: Eickhorst, Andreas; Röhrbein, Ansgar (Hrsg.): „Wir freuen uns, dass Sie da sind!" Beratung und Therapie mit Vätern. Heidelberg, S. 72–85.

Schäfer, Eberhard (2010a): Familienbildung muss familiengerecht werden. In: Niedersächsisches Ministerium für Soziales, Frauen, Familien, Gesundheit und Integration: Väterarbeit in Niedersachsen. Väter-Räume-Gestalten. Ein Handbuch für Fachkräfte in der Väterarbeit und für an Väterarbeit Interessierte. Hannover, S. 39–42.

Schäfer, Eberhard (2010b): „Sag mir, wo die Väter sind ... " – Väter in der Familienbildung In: Niedersächsisches Ministerium für Soziales, Frauen, Familien, Gesundheit und Integration: Väterarbeit in Niedersachsen. Väter-Räume-Gestalten. Ein Handbuch für Fachkräfte in der Väterarbeit und für an Väterarbeit Interessierte. Hannover, S. 43–46.

Schmerl, Christiane; Nestmann, Frank (Hrsg.) (1990): Ist Geben seliger als Nehmen? Frauen und Social Support. München.

Schröer, Hubertus; Schwarzmann, Brigitta; Stark, Wolfgang; Straus, Florian (Hrsg.) (2000): Qualitätsmanagement in der Praxis. Freiburg im Breisgau.

Seehausen, Harald (2012): Aktive Vaterschaft in Kinder- und Familienzentren. Verändertes Vaterbild als Herausforderung für die Jugendhilfe. In: Hessenstiftung – Familie hat Zukunft: Wertvolle Väter. S. 18–22. URL: http://www.hessenstiftung.de/downloads/491-Wertvolle-Vaeter%20Onlineversion.pdf (letzter Aufruf: 08.04.2019).

Seiffge-Krenke, Inge (2016): Väter, Männer und kindliche Entwicklung. Ein Lehrbuch für Psychotherapie und Beratung. Berlin/Heidelberg.

Seiffge-Krenke, Inge (2005): Väter: Notwendig, überflüssig oder sogar schädlich für die Entwicklung ihrer Kinder? In: Seiffge-Krenke, Inge (Hrsg.): Psychotherapie und Entwicklungspsychologie. Berlin/Heidelberg, S. 195–224.

Seifert, Monika (2014): Mütter, Väter und Großeltern von Kindern mit Behinderung. Herausforderungen–Ressourcen–Zukunftsplanung. In: Wilken, Udo; Jeltsch-Schudel, Barbara (Hrsg.): Elternarbeit und Behinderung. Empowerment–Inklusion–Wohlbefinden. Stuttgart.

Seifert, Monika (2003): Mütter und Väter von Kindern mit Behinderung. Herausforderungen–Erfahrungen–Perspektiven. In: Wilken, Udo; Jeltsch-Schudel, Barbara (Hrsg.): Eltern behinderter Kinder. Empowerment–Kooperation–Beratung. Stuttgart, S. 25–35.

SGK-S (2018): Zwei Wochen Vaterschaftsurlaub – Kommission eröffnet die Vernehmlassung. In: Das Parlament. URL: https://www.parlament.ch/press-releases/Pages/2018/mm-sgk-s-2018-11-16.aspx (letzter Aufruf: 04.04.2019).

Statistik Austria (2017): Entwicklung der aktiven Erwerbs- und Teilzeitquoten (ILO) der 25- bis 49-Jährigen nach Familientyp und Geschlecht, 1994–2016 URL: https://www.statistik.at/web_de/statistiken/menschen_und_gesellschaft/soziales/gender-statistik/vereinbarkeit_von_beruf_und_familie/index.html (letzter Aufruf: 23.05.2019).

Statistik Austria (2019): Familien nach Familientyp und Zahl der Kinder ausgewählter Altersgruppen – Jahresdurchschnitt 2018. URL: https://www.statistik.at/web_de/statistiken/menschen_und_gesellschaft/bevoelkerung/haushalte_familien_lebensformen/familien/023080.html (letzter Aufruf: 23.05.2019).

Statistisches Bundesamt, Wissenschaftszentrum Berlin für Sozialforschung (Hrsg.) (2018): Datenreport 2018. Ein Sozialbericht für die Bundesrepublik Deutschland. URL: https://www.wzb.eu/system/files/docs/sv/iuk/dr2018_ganzes_Buch_online.pdf (letzter Aufruf: 23.05.2019).

Staubli, René (2016): Liebe und Hass liegen nahe beieinander. In: Hiki-Bulletin, S. 10–14.

Straus, Florian; Höfer, Renate; Gmür, Wolfgang (1988): Familie und Beratung. Zur Integration professioneller Hilfe in den Familienalltag. Ergebnisse einer qualitativen Befragung von Klienten. München.

Thomä, Dieter (2012): Väterbilder im historischen Wandel. In: Walter, Heinz; Eickhorst, Andreas (Hrsg.): Das Väter-Handbuch. Gießen, S. 59–76.

Thomas, Anna Lena (2012): Die Studie „Wertvolle Väter" in ihren Hauptaussagen. Hessenstiftung – Familie hat Zukunft: Wertvolle Väter, S. 5–8. URL: http://www.hessenstiftung.de/downloads/491-Wertvolle-Vaeter%20Onlineversion.pdf (letzter Aufruf: 08.04.2019).

Ursel, Wolfgang (2000): Gelegenheit zur Ermutigung: Angebote am Rande der Frühförderung. Zielgruppenorientierte Arbeit der Langau mit Vätern, Alleinerziehenden, Geschwistern. In: Frühförderung interdisziplinär, 19. Jg., 1, S. 39–44.

Ursel, Wolfgang (o. J.): Kaleidoskop der Kräfte. Angebote für Väter von Kindern mit Behinderung in der Bildungs- und Erholungsstätte Langau. Steingaden.

Valarino, Isabel; Gauthier, Jacques-Antoine (2016): Paternity leave implementation in Switzerland: A challenge to gendered representations and practices of fatherhood? In: Community, Work & Family, 19/1, S. 1–20.

Valarino, Isabel (2013): The Emergence of Parental and Paternity Leaves in Switzerland: A Challenge to Gendered Representations and Practices of Parenthood? Ph. D. Thesis, University of Lausanne. URL: https://serval.unil.ch/?id=serval:BIB_EC9A89C2A3A6 (letzter Aufruf: 08.04.2019).

Vaterschaftsurlaub jetzt! (2018). URL: www.vaterschaftsurlaub.ch (letzter Aufruf: 08.04.2019).

Volz, Rainer; Zulehner, Paul (1998): Männer in Bewegung. 10 Jahre Männerentwicklung in Deutschland. Ein Forschungsprojekt der Gemeinschaft katholischer Männer Deutschlands und der Männerarbeit der evangelischen Kirche in Deutschland. Baden-Baden.

Walter, Heinz; Eickhorst, Andreas (Hrsg.) (2012): Väter-Handbuch: Theorie, Forschung, Praxis. Gießen.

Walter, Heinz (2011): Rollenerwartungen an Väter im gesellschaftlichen Wandel. In: BMFSFJ (Hrsg.): Vaterschaft und Elternzeit. Expertise im Auftrag der Geschäftsstelle des Zukunftsrats Familie bei der Prognos AG. Berlin, S. 13–15.

Weiß, Hans; Neuhäuser, Gerhard; Sohns, Armin (2004): Soziale Arbeit in der Frühförderung und Sozialpädiatrie. Stuttgart.

Wilms, Daniel (o. J.): Männer sind anders. Frauen auch. Oder: Brauchen Väter von Kindern mit Behinderungen zielgruppenspezifische Angebote? Und wenn ja: Wie müssen diese aussehen, damit Väter darin einen Nutzen sehen können? Unveröffentlichtes Manuskript. Steingaden.

Wippermann, Carsten; Flaig, Berthold Bodo (2009): Lebenswelten von Migrantinnen und Migranten. In: Aus Politik und Zeitgeschichte, 5, S. 3–10.

Ziemen, Kerstin (2003): Kompetenzen von Eltern behinderter Kinder. Frühförderung interdisziplinär, 22. Jg., 1, S. 28–37.

# Tabellenverzeichnis

https://doi.org/10.1515/9783110669152-008

www.ingramcontent.com/pod-product-compliance
Lightning Source LLC
Chambersburg PA
CBHW081741270326
41932CB00020B/3353